# 미래 주거의 대안

## : 세계의 저탄소 녹색주거를 찾아서

# 차 례
Contents

# 새로운 녹색주거 패러다임

## 이제는 저탄소 녹색시대

　최근 가장 국제적인 화두는 기후변화(Climate Change)에 따른 환경위기(Environment Crisis)다. 1985년 세계기상기구(WMO)와 국제연합환경계획(UNEP)은 온실가스를 기후변화의 주범으로 지목하였고, 온실가스 중에서도 기후온난화에 가장 큰 영향을 미치는 것으로 대기 중 차지하는 비율이 지극히 낮은 이산화탄소($CO_2$)가 꼽혔다. 산업혁명 이전 대기 중 이산화탄소의 농도는 약 280ppm이었으나 오늘날은 약 380ppm으로 증가되었으며, 이로 인해 지구 평균온도가 0.75℃, 우리나라는 1.5℃가 높아지는 등 지구온난화가 급속히 진행되고 있다. 현재와 같이 화석연료에 의존하는 경제상황이 지속되어 지구평균기온이 3℃ 이상 상승할 경우 해수면 상승과 홍수 및 폭우 등의 자연재해 증가, 식수난, 생물종 감소 등의 환경문제로 2억 명 이상의 인구가 이주해야 하는 것으로 예측되고 있다(IPCC[1], 2007).

기후변화에 따른 환경위기는 최근 '저탄소'와 '녹색'에 대한 관심과 열망으로 대변된다. 1992년 브라질 리우회의에서의 기후변화협약(UNFCCC)[2] 채택을 시작으로 1997년 교토의정서(Kyoto Protocol) 채택[3], 2007년 발리로드맵(Bali Roadmap)[4], 2009년 코펜하겐 협정(Copenhagen Accord)[5] 등의 국제회의를 통해 탄소저감을 위한 전 세계 국가의 노력이 요구되고 있으며, 선진국을 비롯한 대부분의 나라에서는 새로운 국가 성장 전략으로 다양한 녹색산업과 일자리 창출을 목표로 한 저탄소 녹색성장을 내세우고 있다. 그동안 경제발전 논리에 의해 어느 정도의 환경문제는 감수해도 된다는 의견이 지배적이었으나 최근에는 기후변화와 녹색성장이 생존의 문제로 확대되기 시작한 것이다.

특히 2006년 영국에서 발표된 스턴보고서(Stern review)는 사람들의 인식을 변화시키는 데 큰 영향을 주었다. 스턴은 경제학적인 관점에서 기후변화의 영향을 최초로 검증하였는데, 지금 당장 온난화를 막기 위한 조치를 취하는 데 드는 비용이 전 세계 국내총생산(GDP)의 1퍼센트에 불과한 반면 이 문제를 계속 방치할 경우 온난화에 따른 대처 비용이 매년 GDP의 5~20퍼센트에 이를 것으로 내다봤다. 영국 경제고문이자 과거 세계은행 부총재를 지냈던 니콜라스 스턴의 보고서는 경제적 논리에

만 입각하여 지구온난화 문제를 단순한 환경문제로만 치부했던 경제계 및 정치계 사람들 사이에 큰 파장을 일으켰다. 그 당시 상황을 증명이라도 하듯 2006년 옥스퍼드 사전에서 선정한 올해의 단어는 '탄소중립(Carbon Neutral)[6]'이었다. 이후 2007년에는 IPCC가 실무그룹 평가보고서를 통해 기후변화로 인한 환경위기를 구체적으로 설명하여 환경위기 의식을 일깨웠으며, 그동안 이산화탄소 배출 감축을 거부하였던 미국의 부시 대통령도 그해 6월 독일 하일리겐담 G8 정상회의에서 기후변화의 중요성을 역설하였다. 또 2007년 노벨평화상은 기후변화 위기를 전 세계에 알려온 엘 고어 전 미국 부통령과 IPCC가 공동으로 차지하게 되었다. 우리나라는 2008년 8·15 경축사를 통해 '저탄소 녹색성장'을 새로운 국가발전전략으로 설정하면서 점차 그 개념이 우리 생활 속으로까지 자연스럽게 스며들게 되었다.

**새로운 도시와 주거 패러다임**

저탄소 시대에 도시와 주거환경이 더욱 주목받는 이유는 기후변화를 유발하는 온실가스(가장 대표적인 것은 $CO_2$) 배출이 주로 인간의 활동으로 인해 일어나기 때문이다. 전 세계 인구의 50퍼센트가 도시에 거주하고 있고(한국은 무려 90퍼센트의 인구가 도시에 산다.) 도시에 살고 있는 인구가 세계 생산 전력의 75퍼센트를 생산하며, 전체 이산화탄소 배출량의 75퍼센트를 발생시키고 있다. 2050년에는 도시에 사는 세계 인구가 75퍼센트에 이를 것이라는 전망도 있다. 이에 따라 유럽연합(EU)을 비롯한 주요 선진국들은 온실가스 감축을 위해 도시와 주거 차원에서의 역할 분담을 크게 강조하고 있다. 영국 런던은 세계에서 가장 친환경적인 녹색 대도시를 목표로 2050년까지 1990년 대비 80퍼센트의 온실가스를 감축하도록 했다. 이를 위한 주요 전략으로 저탄소 에너지원 확보, 탄소 무배출 교통시스템과 함께 에너지 효율 건물 조성사업을 녹색 비즈니스와 연계하여 추진하고 있다. 또 뉴캐슬 시는 지방정부 차원에서 세계 최초로 '탄소중립도시(Carbon Neutral City)'를 선언한 도시로 가정과 기업에서 $CO_2$를 얼마나 배출하고 있는지 확인할 수 있는 간편 계산법을 개발해 탄소저감에 동참하도록 유도하고 있다.

최근에는 새로 조성되는 주거단지 등에서 탄소를 저감하고 쾌적한 주거환경을 조성하려는 노력들이 활발하다. 탄소저감을 위해 가장 선도적으로 움직이는 영국은 지속가능한 생활 주거지를 제공함과 동시에 취약계층에게 충분한 주택을 공급하려는 '에코타운(Eco-Town)' 프로젝트와 더불어 2016년부터는 새로 건축되는 모든 주택을 탄소제로 주택으로 조성하기로 하는 등 기후변화에 대응하기 위한 주거전략을 구체적으로 실현하고 있다.

특히 영국 런던 남부에 위치한 베드제드(BedZED)는 최초의 탄소중립(Carbon Neutral) 재개발 단지인데, 지속가능한 주거정책과 친환경 주택 기술 도입의 모범 사례로 최근 많은 사람들의

Hammarby Sjoestad_친환경 자원순환 모델을 통해 세계적인 저탄소 녹색주거단지로 유명해진 스웨덴 함마르비 주거단지 선경.

방문이 이어지는 곳이다. 또한 아랍에미리트(UAE)는 세계 최초로 도시에서 탄소를 전혀 내뿜지 않는 '탄소제로도시(Carbon Zero City)'를 조성하고 있다. 마스다르 시티(Masdar City)라고 불리는 이 도시에 살게 될 주민들은 재생에너지를 통해 전기와 난방에너지를 생산하는 집에서 살며 화석연료를 사용하는 자동차를 사용하지 않고도 어디든 쉽게 이동할 수 있다.

1990년대 이후 지속적으로 제기되어 왔던 지속가능개발의 이념이 보다 발전된 형태로 나타난 저탄소 녹색시대의 등장은 탄소발생의 주범이면서 동시에 인간생활의 기반으로 사회·경제 활동과 밀접한 관계를 맺고 있는 주택단지 개발에도 큰 영향을 끼치고 있다. 또 최근에 새로운 패러다임으로 등장하였던

'로하스(LOHAS, Lifestyles Of Healthy And Sustainability)'나 '웰빙(Well-being)' 등은 이제 우리 사회 모든 분야에서 양(量)보다는 질(質)에 대한 관심이 크게 증가하고 있음을 암시한다. 그동안 물질적 풍요가 삶의 목표로 인식되었던 전근대적 삶의 양식이 인간다운 삶, 자연과 공존하는 삶을 추구하는 질의 사회로 전환되고 있음을 보여주는 것이다. 이에 따라 앞으로의 주거단지는 주거환경의 안전과 건강, 쾌적성을 종합적으로 추구하고, 기후변화에 따른 에너지 절약과 생태적 안전성을 도모하는 친환경 녹색주거단지가 대표적인 주거 유형 중 하나로 자리 잡을 예정이다.

### 저탄소 녹색주거단지란?

저탄소 녹색주거단지는 에너지 효율적인 단지배치, 보행 및 자전거 중심의 녹색교통체계, 탄소흡수와 쾌적한 주거환경을 위한 녹지조성, 기후변화 적응을 위한 물과 바람의 순환, 녹색에너지의 활용과 자원의 순환, 에너지 절약 건축물 도입 등의 다양하고 새로운 기술과 계획기법을 도입하여 환경오염과 온실가스 및 탄소배출을 최대한 억제하는 주거단지를 말한다. 이러한 저탄소 녹색주거단지는 다양한 녹색기술의 도입과 함께 관련 산업의 발전을 도모함으로써 녹색산업 경쟁력을 확보하고 사람들의 행동 패턴을 저탄소형 생활 방식으로 개선하여 기후변화에 적극적으로 대응할 수 있다. 또한 물, 바람의 순환과 녹지·생태환경을 고려한 계획으로 삶의 질 확보를 위한 쾌적한 주거환경을 마련하고, 동시에 기후변화로 인한 홍수와 가뭄 등으로부터 안전한 주거지를 확보하는 데 기여할 수 있다.

## 에너지 효율적인 단지구조·배치

압축적이고 복합적인 토지이용과 단지 배치를 적절히 이용하면 주변 지역의 녹지 훼손을 줄일 수 있으며, 통행거리를 감소시켜 대중교통 및 보행이동의 이용을 촉진시킴으로써 에너지를 절약할 수 있다. 영국의 베드제드(BedZED)는 단지 내에 거주공간과 사무공간을 함께 배치하여 출퇴근에 필요한 차량의 운행을 최소화하도록 계획되었다. 독일의 림(Riem)은 주거와 상업·업무기능 등을 복합·고밀로 개발하여 사회경제적 활동을 집중시킴으로써 토지의 이용가치를 높이고 용도 간의 기능 보완과 시너지 효과를 누리려는 목적으로 컴팩트 시티(Compact City)의 개념을 적용한 사례다.

## 보행과 자전거, 친환경 대중교통 수단 중심의 녹색교통체계

자동차 사용의 증가는 화석연료의 사용 증가로 이어지며 이는 기후온난화를 급격하게 부추기는 온실가스를 증가시킨다. 최근 국제적으로 석유 중심의 에너지 경쟁에서 탄소배출량이 에너지 경쟁의 중심으로 전환되고 있는 추세다. 탄소배출권 거래제도의 경우 탄소배출은 돈과 직접적으로 연계되기 때문에 환경적 측면뿐 아니라 경제적 측면에서도 자동차의 탄소배

Vauban_단지 내 보행자 및 자전거 전용도로.
차량으로는 주거단지 내부를 순환할 수 없다.

출을 규제하는 경우가 많아지고 있다. 자동차 온실가스 배출을 줄이기 위한 전략으로 가까운 거리는 보행과 자전거를 사용하고, 먼 거리는 친환경 저공해 자동차, 또는 친환경 대중교통 수단을 이용하는 방법이 있다. 아랍에미리트(UAE)의 마스다르 시티는 자동차가 도시 안으로 들어갈 수 없도록 계획됐으며, 독일 프라이부르크의 보봉 주거단지는 주차장이 없는 주택을 건설하여 차 없는 주거지를 실현해 나가고 있다.

### 탄소흡수를 위한 녹지조성과 생태환경 보존

주거지의 삶의 질을 논의할 때 빠지지 않는 것이 녹지다. 18세기 산업혁명 이후 인구증가, 공해 등의 도시환경 문제에 대응하기 위해 나타난 에베네저 하워드(Ebenezer Howard)의 전원도시(Garden City) 역시 도시생활의 쾌적함과 자연환경이 결합된 도

·농 복합형의 저밀도 계획도시로써 녹지의 중요성을 강조했다. 우리가 흔히 꿈꾸는 주거환경의 모습에서 푸른 녹지에 의한 쾌적한 환경은 가장 기본이 되는 사항이다. 녹지는 대기 중의 이산화탄소를 흡수하여 공기를 정화시키는 작용을 함으로써 사람들에게 쾌적한 공기를 제공한다. 또 녹지공간은 복사열을 흡수하고 직사광선을 완화시켜 사람들에게 시원한 그늘을 제공하며 지친 삶의 휴식처로 다양하게 활용이 가능하다. 또 빗물을 저장해 홍수 예방에도 기여하고 있으며 소음이나 진동 등의 차단 완화 작용까지 하는 것으로 알려져 있다.

**기후변화 적응을 위한 물과 바람의 순환**

기후온난화에 따른 기후의 변화는 도시 홍수의 발생과 폭염, 열섬 효과, 가뭄과 물 부족 등의 환경재해를 전 세계적으로 증가시키고 있다. 최근 발생하고 있는 서울의 잇단 홍수 피해와 열대성 기후는 기후변화와 관계가 깊다. 기후변화에 대응하기 위해 온실가스 배출을 줄이려는 노력도 중요하지만, 어쩔 수 없는 기후변화 현상에 대비하기 위한 적응 노력도 필요하다.

GMV&Riem_주거건물과 녹지공간이 함께 어우러진 주거지 조성.

주거단지에서 기후변화 적응을 위해 할 수 있는 노력으로는 홍수 예방과 우수의 침투와 활용, 열섬 효과 방지를 위한 바람의 순환 등이 있다.

독일 하노버의 '크론스베르크(Kronsberg)' 주거단지는 개발이전과 최대한 같은 우수체계를 유지하고자 하였으며 뮌헨의 '림(Riem)'은 녹지체계와 바람길을 함께 고려하여 주거단지 안으로 바람을 최대한 끌어들이는 방식으로 쾌적한 주거환경을 만들고자 했다.

### 녹색에너지의 활용과 자원 순환

녹색에너지는 탄소를 배출하지 않거나 최대한 줄일 수 있는 대체 에너지를 의미한다. 태양광, 태양열, 풍력, 지열, 바이오에너지 등의 재생에너지와 연료전지, 수소에너지 등의 신에너지를 일컬어 신·재생에너지라고 부르는데, 이러한 것들이 모두 녹색에너지이다. 오늘날 주거단지에서 주로 적용 가능한 녹색에너지로는 태양의 빛을 활용해 전력을 생산하는 태양광 발전과 태양열을 이용한 온수 및 난방, 땅속 온도차를 활용한 지열 냉

Sharnhausen in Ostfildern_바람길을 고려한 단지배치.

난방 시스템이 있으며 이외에도 소음 등의 문제를 해결한 소형 풍력 발전, 폐기물을 활용한 에너지 생산 등을 적용할 수 있다. 스웨덴 함마르비(Hammarby)는 모든 쓰레기를 에너지로 바꾸는 자원순환 모델시스템을 구축하여 친환경적인 에너지 공급과 폐기물 처리를 실행함으로써 세계적인 친환경 모범 단지로 알려져 있다.

에너지를 절약하는 건축물과 녹색생활

건축물은 사람들이 살아가면서 필요한 난방과 전력, 취사 등에 다양한 에너지가 소비되는 곳이다. 인간의 생활은 대부분 건축물 안에서 이루어지기 때문에 건축물에서의 에너지 소

BRE Innovation Park_영국의 탄소제로 시범주택 모습.
(출처: 이재준, 「녹색도시의 꿈」, 2011.)

비를 줄일 경우 많은 양의 탄소배출을 줄일 수 있다. 선진국에서는 건축물에서의 에너지 소비를 줄이기 위해 에너지 절약형 건축물 기준을 만들어 보급하고 있으며 이를 지킬 경우 일부 비용을 지급하는 등 다양한 인센티브를 제공하고 있다. 미국을 비롯한 중국, 인도, 싱가포르 지역에서는 LEED를, 영국은 BREEAM, 호주와 뉴질랜드는 GREENSTAR라는 친환경 건축환경 등급을 사용한다. 또한 영국의 '탄소제로주택(Carbon Zero House)', '일본의 제로 에미션 하우스(Zero Emission House)' 등 지역특성을 고려한 시범 건축물을 개발하려는 노력도 계속되고 있다.

## 이 책에서 살펴보는 주요 사례

향후 우리의 주거 모습을 보여줄 것으로 예상되는 새로운 패러다임의 저탄소 녹색주거단지는 어떤 모습일까? 이러한 궁금증은 최근 조성된 선진사례의 주거단지를 통해 살펴볼 수 있다. 이 책에서는 영국, 독일, 스웨덴 등 저탄소 녹색주거지 조성을 위해 노력하고 있는 선진 유럽의 사례를 중심으로 그 모습을 살펴보고자 한다.

### 박람회도시 림(Messestadt Riem)
독일 뮌헨에 위치한 신도시로 뮌헨 공항 이전에 따라 박람회기능 및 산업, 주거지 공간 확보를 위한 새로운 도시 확장 계획

박람회도시 림(Messestadt Riem) 전경.

| 위 치 | 독일 뮌헨 |
|---|---|
| 면 적 | 5,560,000㎡ |
| 인구 및 세대 | 16,000명, 6,500세대 |
| 추진주체 | MRG(Massnahmetraeger Muenchen−Riem GmbH) |

박람회도시 림(Messestadt Riem) 개요.

에 의해 조성되었으며, 전체 단지 계획은 'Juergen Frauenfeld', 녹지는 'Gilles Vexlard'가 설계하였다. 림은 1990년 도시계획 및 녹지계획에 대한 국제건축공모전 추진결과를 바탕으로 미래지향적이면서 생태적인 도시, 동시에 사회적인 컴팩트시티를 목표로 지금도 조성 중이다. 또 '도시설계와 생태' 전문가 그룹이 직접적으로 개입한 친환성 녹색주거단지로도 많은 관심을 모으고 있다.

베드제드(BedZED)

영국 런던 남부 웰링턴(Wallington)에 위치한 주거단지다. 베드제드(BedZED)는 베딩턴 지역의 제로 에너지 개발(Beddington Zero Energy Development)이라는 명칭의 줄임말로 석탄과 석유, 가스 등 화석에너지를 사용하지 않는 개발을 뜻한다. 런던 중심에서 남쪽으로 자동차로 약 30분 정도 소요되는 거리에 위치한 서튼

베드제드(BedZED) 전경.

| 위 치 | 영국 런던시 서튼 |
| --- | --- |
| 면 적 | 16,500㎡ |
| 세 대 | 100세대 |
| 추진주체 | Peabody Trust |
| 설계자 | Bill Dunster |
| 특 징 | 영국 최초의 친환경 탄소중립 복합개발 |
| 조성기간 | 1999~2001 |

베드제드(BedZED) 개요.

(Sutton)이라는 자치구에 위치하며 전체 면적 1만 6,500㎡의 가동이 중단된 오수처리시설 부지에 에너지 제로 개발기법을 도입해 조성되었다. 2000년에 조성사업을 시작하여 2002년 9월에 완료하였으며 현재는 100여 가구의 단독·연립주택과 재택근무자를 위한 사무 및 커뮤니티 공간(2,500㎡)으로 조성되어 있다.

마스다르 시티(Masdar City)

마스다르 시티(Masdar City)는 세계 최초로 '탄소제로(Carbon Zero)' 도시를 실현하려는 신도시다. 아랍에미리트(UAE)의 수도 아부다비(Abudabi) 외곽에 2008년 2월 착공하여 2016년까지 220억 달러를 투입할 계획이다. 총 면적은 약 6㎢로 약 4만 명

마스다르 시티(Masdar City) 계획안.

| 위 치 | UAE 아부다비 외곽 |
| --- | --- |
| 면 적 | 약 6㎢ |
| 인 구 | 약 4만 명 거주, 5만 명 통근, 1,500개 기업·연구소 수용 |
| 주 체 | 기본계획 : Foster&Partners<br>개발 : 아부다비 미래에너지 회사(ADFEC) |
| 특 징 | 220억 달러를 투입하여 2008년 2월부터 7단계에 거쳐<br>2016년 완공 예정 |

마스다르 시티(Masdar City) 개요.

의 인구가 거주하게 된다. 영국의 포스터 앤 파트너스(Foster & Partners)의 기본계획을 기초로 하여 아부다비 미래에너지 회사(ADFFC)가 개발 사업을 추진하고 있다. 마스다르 시티에는 그린 에너지(Green Energy) 전문기업과 더불어 관련 대학, 미래에너지 회사, 특별경제구역, 상업시설, 주거시설 등 복합시설을 수용하는 자족·고밀 도시로 계획을 세워 에너지를 최대한 줄이고, 지속적인 에너지 자립을 위한 연구 기반을 마련할 예정이다. 탄소중립을 실현하는 다양한 계획과 기술들을 도시에 접목시키고 이를 실험하며 궁극적으로는 새로운 녹색기술을 경제적으로 활성화시키는 실험의 장이라 할 수 있다.

보봉(Vauban) 전경.

| 위 치 | 독일 프라이부르크(Freiburg) 시 중심에서 약 3km 거리 |
|---|---|
| 면 적 | 1994~2006년 |
| 인 구 | 약 410,000㎡ |
| 주 체 | 약 5,000명(학생기숙사 제외), 2,000호(학생기숙사 800호 제외) |
| 특 징 | 군사기지의 재활용, 주거위주의 복합용도 도시, 친환경 생태주거단지 |

보봉(Vauban) 개요.

## 보봉(Vauban)

보봉(Vauban)은 독일의 프라이부르크 시 중심에서 약 3km 정도 떨어진 곳에 위치한 주거단지로써 시민과 시가 협력한 계획 프로세스와 친환경 주거지로 잘 알려진 곳이다. 프랑스군대가 철수함에 따라 생긴 부지이며, 주택난에 허덕이던 가난한 학생들과 저소득층이 주축이 된 '포럼 보봉'이라는 시민자치모임이 프라이부르크 시와 함께 친환경 생태마을을 위한 원칙을 설정하여 지금까지도 협력하고 있다. 보봉 주거단지는 석유, 석탄, 원자력 등 환경오염의 원인이 되는 에너지 이용을 거부하고, 태양광과 바이오매스를 주 에너지원으로 선택하였다. 또 자동차 이용으로 인한 대기오염 배출을 줄이고 쓰레기 발생과 물 사용을 최소화하여 순환적 생태시스템이 이루어져 자연과 인간이 공존할 수 있는 사회를 구현하도록 하였다.

그리니치 밀레니엄 빌리지(Greenwich Millennium Village) 전경.

| 위 치 | North Greenwich, Docklands, London |
| --- | --- |
| 건축주 | English Partnership |
| 건설기간 | 1999~2005년 |
| 면 적 | 291,380㎡ |
| 세 대 | 1,377세대 |
| 주 체 | 시공자: 도클랜드 개발공사 |

그리니치 밀레니엄 빌리지(Greenwich Millennium Village) 개요.

## 그리니치 밀레니엄 빌리지(Greenwich Millennium Village)

영국 도클랜드 지역의 재개발 계획 일환으로 영국 최초의 생태주거단지를 목표로 시작된 프로젝트다. 그리니치 반도 밀레니엄 돔 인근에 위치한 주거단지로 33,000㎡, 1,377호의 규모로 이루어져 있다. 그리니치 밀레니엄 빌리지는 보편화 및 획일화되는 현대적 건축에 대한 비판과 함께 인간과 자연이 하나의 공동체로서 건축에 반영되어야 한다고 주장한 랄프 어스킨(Ralph Erskine)이 주도하여 설계한 곳이기도 하다. 그리니치 밀레니엄 빌리지는 생태계와 야생식물의 지속성 유지, 에너지 소비의 50퍼센트 감축, 바이오매스를 통한 에너지 생산, 물 소비 감축, 쓰레기 재활용, 지속 가능한 교통계획을 목표로 하고 있다.

크론스베르크(Kronsberg) 전경.

| 위 치 | 독일 하노버 남단 크론스베르크(Kronsberg) |
|---|---|
| 건축가 | 건축, 조경, 개발 분야의 전문가 합작 |
| 건설기간 | 1997~2000년까지 1단계 완성, 2010년까지 완료 |
| 면 적 | 1,220,000㎡ |
| 인 구 | 15,000명(6,000세대) |
| 특 징 | 지속가능한 도시개발 패턴으로 건축적 특징 강조 |

크론스베르크(Kronsberg) 개요.

## 크론스베르크(Kronsberg)

크론스베르크(Kronsberg)는 독일 하노버 남동쪽으로 약 8km 떨어진 곳에 위치한 주거단지로, 하노버 시가 2000년 EXPO 장소지로 결정되면서 국제전시장과 연접한 농업지역 160ha를 선진적 개념의 주거단지로 조성하였다. 하노버 시 정부가 주체가 되어 개발업자와 투자자는 물론 환경운동 단체가 함께 참여하였으며 생태도시 계획개념을 단지별로 특화하여 도입하였다. 주거단지에 대한 생태적 계획기준은 토지매매 계약서와 지구단위계획 등에서도 제시되고 있다.

## 리젤펠트(Rieselfeld)

독일 Baden-Wuerttemberg주 Freiburg시에 위치하고 있다.

자연 정화장의 기능을 상실한 리젤펠트(Rieselfeld) 지역을 부

리젤펠트(Rieselfeld) 전경.

| 위 치 | 독일 프라이부르크 서쪽 |
|---|---|
| 건설기간 | 1992~2010년 |
| 면 적 | 전체 면적 320ha 중 70ha만 개발 |
| 인 구 | 12,000인, 4,200세대 |
| 주 체 | KIOSK, 시정부, 전문가 단체, 투자자, 입주민 |
| 특 징 | 정화장 기능을 상실한 지역을 친환경 주거지로 조성 |

리젤펠트(Rieselfeld) 개요.

족한 주거지 수요 해결의 목적으로 생태적 우수성이 뛰어난 지역 특성을 고려하여 320ha 중 70ha만 개발하였다. 리젤펠트는 독일의 1980년대 말에 있었던 유명한 도시 확장 및 개발 사례 중 하나이다. 리젤펠트는 단순한 주택공급의 문제가 아닌 1970년내 도시개발정책의 실수를 개선하고 질적으로 우수한 주거환경을 조성하는 것이 목적이었다.

## 함마르비 셰스타드(Hammarby Sjoestad)

함마르비는 과거 소규모 항만 시설 및 화학폐기물 매립장이었던 곳을 친환경 생태주거단지로 조성한 사례이다. 함마르비는 전력과 난방 등의 에너지 공급과 상하수도, 폐기물 처리 등의 기능을 통합적이고 친환경적으로 관리하여 세계적인 친환경도시 모델로 잘 알려져 있다. 스웨덴의 수도인 스톡홀름 중

함마르비 셰스타드(Hammarby Sjoestad) 전경.

| 위 치 | 스웨덴 스톡홀름 남동쪽에 위치한 항구지역 |
|---|---|
| 건설기간 | 1992~2010년(프로젝트는 1983년부터 추진) |
| 면 적 | 2,450,000㎡(물 면적 590,000㎡ 포함) |
| 인 구 | 약 25,000명, 8,000세대 |
| 주 체 | 1980년대 스톡홀름 시 자체적 개발. 1990년 이후 시와 개발자 공동 개발 |
| 특 징 | 항만 시설 및 폐기물 매립장이었던 곳을 친환경 생태주거단지로 조성 |

함마르비 셰스타드(Hammarby Sjoestad) 개요.

심에서 남동쪽으로 6km 지점에 위치한 함마르비는 경전철로
는 10분이 채 안 걸린다. 면적 약 250만㎡, 8,000세대 규모로
스톡홀름으로 출퇴근하는 사람들을 위해 조성 중이며 현재 1
단계 공사가 완료되어 약 7,000세대(1만 9,000명)가 살고 있다.

말뫼(Malmö: Western Harbour)

스웨덴 남서부에 있는 공업도시인 말뫼(Malmö)의 서북쪽에
위치한 항만지역이다. 조선업과 항만산업의 쇠퇴와 함께 주변
도심과 수변을 연결하는 새로운 도시공간으로 개발하고 있는
곳이다. 면적은 약 140ha이며, 1만 명을 위한 주거와 2만 명을
수용할 수 있는 대학과 연구소, 업무시설로 계획되었다. 기존
항구의 낙후된 공업지대를 지속가능한 수변 도시공간으로 재
개발 하는 것이 목표로서 2001년부터 현재까지 계속 진행 중

말뫼(Malmö) 전경.

| 위 치 | 스웨덴 남서부 공업도시 Malmö의 서북쪽 항만 지역 |
|---|---|
| 건설기간 | 2001~(진행 중) |
| 면 적 | 약 140ha |
| 인 구 | 10,000명을 위한 주거, 20,000명 수용의 대학 및 연구소, 업무시설 |
| 특 징 | 기존 항구의 낙후된 공업지대를 지속가능한 수변 도시로 재개발 |

리젤펠트(Rieselfeld) 개요.

이다.

# 에너지 효율적인 단지구조

**주변 자연환경의 보존과**

**에너지 효율을 추구하는 압축·복합적 단지구조**

어떻게 하면 가장 에너지 효율적인 도시를 만들 수 있을까? 이러한 고민을 가장 먼저 시작한 사람은 MIT 산업공학을 전공하고 있던 단지크(Dantzig)와 사티(Saaty)다. 이들은 직경 $2.66km^2$의 8층 건물에 인구 25만 명을 수용하면 이동거리도 짧고 에너지 소비도 최소화할 수 있을 것이라는 이론을 가지고 '컴팩트 시티(Compact City)'라는 개념적인 가상의 도시를 제안했다. 전통적인 보행 위주의 도시가 갖는 특징인 높은 인구밀도의 집약적 도시에서 토지와 공간 이용의 고밀화, 집중된 활동 등의 가장 효율적인 도시 모습을 제안하고자 한 것이다.

어떻게 생각해보면 터무니없다고 여길 수 있는 있는 가상의 도시 '컴팩트시티(Compact City)'는 1970년대 석유파동을 겪은 이후 환경문제와 에너지문제에 대응하기 위해 유럽과 일본 등에서 도시계획이론과 실천계획으로 발전시켜 나갔다. 하지만 컴팩트시티가 다시 중요하게 논의되기 시작한 것은 최근 기후변화로 인한 환경위기가 전 세계적으로 확산되면서부터다. 영국은 교외지역에 대한 개발규제가 추진되면서 도시 중심지구에 복합기능의 집적 이용을 도모하고 있고, 독일도 1990년대 후반부터 시가지 밀도를 높여 주변 녹지를 보존하면서 용도 혼합을 추진하고 있다. 또한 네덜란드는 컴팩트시티가 국토계획의 계획이념으로 명시되어 있으며, 일본은 지속가능한 도시의 대안으로 아오모리시, 고베시, 가나자와시 등에서 구체적인 시책으로 발전시키고 있다.

컴팩트시티를 지향하는 추세는 적정한 밀도의 도시 압축·집약적 이용과 함께 이동거리를 최소화할 수 있는 토지이용을 통해 도시 내 차량이동은 물론 탄소배출까지 최대한 줄여보자는 취지에 따른 것이다. 따라서 저탄소 녹색도시를 실현하기 위해서는 도시의 중심을 복합용도의 중·고밀도로 개발하고 도시중심부와 근교의 이동거리를 최소화하는 에너지 절감형 도시공간구조를 가져야 한다. 도시 중심부터 1km 이내의 보행권 안에서 모든 생활이 가능하다면 더욱 좋을 것이다. 이러한 에너지 절감형 도시공간구조는 직장과 주거지가 같은 지역에 분

포되는 직주근접을 고려한 계획과 정책이 함께 고려될 필요가 있다. 왜냐하면 우리나라의 신도시와 같이 외곽 지역에 주거 중심의 개발은 통근거리 증가에 상당한 영향을 끼치게 되고, 이는 도시에 경제적·환경적으로 부정적인 효과를 발생시키기 때문이다.

환경적, 사회적, 경제적으로 지속가능한 도시 형태는 토지의 이용 측면에서 환경의 질, 그리고 에너지 소비와 밀접하게 관련되는데, 압축적이고 집약적인 토지이용으로 교외로의 외연적 개발을 억제하고, 자동차 이용 억제와 보행·대중교통 활성화, 이동 거리의 최소화 등을 통해 이산화탄소 발생을 억제하는 효과가 있다. 익히 알려진 것처럼 도시 외곽으로의 무질서한 시가지 확대는 농지와 자연환경 파괴로 이어진다. 따라서 스마트 성장(smart growth), 컴팩트 시티(compact city)와 같은 효율적이고 압축적인 토지이용을 도모할 필요가 있는 것이다. 압축적 토지이용은 지역의 적정한 고밀도 개발을 통해 시가지 확산을 막고, 녹지대를 보전함으로써 지속가능한 도시 형태를 구현하는 것이며, 압축적 도시 공간구조를 형성하는 것은 무분별한 개발을 통해 개발 밀도를 높이는 일과 다르다. 오히려 도심부의 집약적 개발과 복합용도계획을 통해 효율적인 도심공간을 형성하는 대신 외곽 공간을 보전하는 일이다. 압축도시는 이러한 효율적 토지이용으로 환경의 파괴를 최소화 하는 것을 의미한다.

또 이러한 컴팩트시티 개념은 도시차원에 국한되지 않는다. 우리가 살아가는 주거단지에서도 적용한 사례가 있다. 독일 뮌헨에 위치한 림(Riem)은 생태적인 컴팩트시티를 지향하는 주거단지를 지향함으로써 주변의 녹지대를 보전하고 어디서든 쉽게 대중교통을 이용할 수 있는 도시구조를 만들었다. 또한 영국의 베드제드(BedZED)는 약 100세대 규모의 작은 단지이지만 사무실 건물과 유치원, 헬스센터, 오가닉 카페 등의 시설을 함께 도입하여 차량운행을 최소화하는 에너지 효율적 토지 이용을 도모하였다.

## 박람회도시 림(Messestadt Riem)

컴팩트 시티(Compact City)를 통한 지속가능한 도시구조 형성

박람회도시 림(Messestadt Riem)은 뮌헨에 위치한 신도시로 지금의 뮌헨 공항이 생기기 이전에 공항으로 사용되던 곳이다. 뮌헨 공항이 이전하게 되면서 이 지역은 뮌헨에서 필요로 했던 박람회 기능 및 산업, 주거 기능 확보를 위한 신도시 계획에 의해 조성되었다. 림(Riem)은 1990년 국제건축공모전을 통해 '주거와 노동, 여가기능이 포함된 미래지향적, 생태적 그리고 사회적인 컴팩트 시티(Compact City)'로 개발하고자 하였다.

컴팩트 시티(Compact City)는 주거와 상업, 업무기능 등을 복합·고밀로 개발하여 사회경제적 활동을 집중시킴으로써 토지의 이용가치를 높이고 용도간의 기능 보완과 시너지 효과를 누리려는 목적을 가지고 있다. 도시의 기능을 과도하게 분리할 경우 불필요한 통행을 유발하고, 밤에는 주거기능이 비어있게 되는

Messestadt Riem_압축도시를 추구한 림의 토지이용.
(출처: 구글어스, Messestad Riem/St dtebaulicher Konzeptplan,
Landeshauptstadt München)

도심공동화 현상의 문제가 발생하게 된다. 컴팩트시티는 불필
요한 통행을 최대한 줄임으로써 화석연료를 사용하는 자동차
의 이용도를 낮출 수 있고 용도의 적절한 혼합이 이루어질 경

Messestadt Riem_중심상업지구 모습.

우 지역경제 활성화를 도모할 수 있는 장점이 있다.

림은 컴팩트시티를 지향함으로써 도시 내에서는 걷거나 자전거를 사용하고, 도시 외부로 이동할 때에는 지하철과 버스를 이용하기 편하도록 도시구조를 형성하였다. 주거단지 내에서 지하철은 600m 이상 걷지 않고 이용할 수 있으며, 버스 또한 300m 이상 걷지 않고 탑승이 가능하다. 또한 림은 도시 확장으로 인해 주변 녹지가 훼손되는 것을 막고, 사람들의 휴식 공간과 생태교육의 장으로 녹지 공간이 활용되도록 하였다.

## 베드제드(BedZED)

### 복합주거단지 조성을 통한 에너지 효율 도모

영국의 베드제드(BedZED)는 최초의 탄소중립 재개발 단지

Messestadt Riem_중심상업지구와 연계된 지하철역.

로 유명하다. 단지를 설계한 친환경 건축가 빌 던스터는 에너지를 절약할 수 있는 다양한 건축기법 적용에 앞서 에너지 효율을 높일 수 있는 단지 배치와 용도의 혼합을 모색하였다. 베드제드에는 약 100가구가 살 수 있는 주거용도의 건축물 뿐 아니라 재택근무자를 위한 사무실과 커뮤니티 공간으로 2,500$m^2$을 따로 마련함으로써 용도의 혼합을 추구하였다. 단지 안에는 사무실을 비롯하여 헬스센터, 유치원, 오가닉 카페 등이 함께 조성되어 있으며, 차를 타고 멀리 나가지 않더라도 단지 내에서 대부분의 생활이 유지되도록 하여 차를 이용함으로써 생기는 탄소발생을 줄이고자 하였다.

# 보행과 자전거, 대중교통 중심의 교통체계

**우리의 삶 속에서 차를 없앨 수 있을까?**

오늘날 자동차는 현대인에게는 없어서는 안 될 소유물로 인식된다. 하지만 자동차를 사용함으로써 나오는 배기가스는 대기를 오염시키고 주로 화석연료를 통해 움직이기 때문에 기후변화의 원인이 되는 지구온난화를 야기 시킨다. 현대 의학의 발달로 사람들의 수명은 길어지고 있지만 자동차로 인한 교통사고로 많은 사람들이 일찍 죽는다. 자동차를 사용하는 사람이 많아질수록 도로 정체가 발생하고 부족한 도로를 건설하고 정비하는 데 많은 돈을 소비하게 된다. 또 자동차 소음은 주변 사람들에게 스트레스를 주기도 하며, 자동차의 등장으로 인해 우리네 골목과 공터는 더 이상 아이들의 놀이공간이 아닌 자동차 주차 장소로 더 많이 변화되었다. 게다가 자동차를 소유, 유지하기 위해서는 계속해서 많은 비용이 들고, 자동차의 주된 연료인 석유의 매장량이 앞으로 20년 후엔 바닥날 것이라는 예측도 있다. 이러한 수많은 단점에도 불구하고 오늘날 자동차가 계속 늘어나고 있는 이유는 무엇일까? 자동차를 통해 편리하고 쾌적하게 이동할 수 있음은 물론 사회적인 지위를 상징하는 것 또한 그 이유가 될 수 있을지도 모른다.[7]

하지만 오늘날 자동차가 계속 늘어나는 가장 큰 이유는 우리 사회가 자동차를 사용해야 편하게 살 수 있는 환경이기 때문은 아닐까? 자동차가 없이도 편리하고 쾌적하게 살 수 있다면 과연 자동차를 구입하려고 할까? 만약 자동차가 필요 없는 도시와 주거지를 조성한다면 자동차가 차지하던 공간을 쉼터와 녹지공간으로 조성하여 좀 더 안전하고 쾌적한 삶의 질을 확보할 수 있지는 않을까? 도시와 주거 문제에 관한 이러한 의문의 해답을 우리는 '마스다르 시티(Masdar City)'와 '보봉(Vauban)', '베드제드(BedZED)' 주거단지에서 찾아볼 수 있다.

## 마스다르 시티(Masdar City)

### 차 없는 도시를 꿈꾸는 '마스다르 시티(Masdar City)'

아랍에미리트(UAE)의 수도 아부다비(Abudabi) 외곽에 새롭게 조성되는 마스다르 시티(Masdar City)는 탄소(Carbon)가 전혀 배출되지 않는 '탄소제로(Carbon Zero)' 도시의 꿈을 실현하고 있다. 2016년까지 220억 달러를 투입하여 조성될 예정인 마스다르 시티가 탄소제로 도시를 실현하기 위해 대표적으로 내세우는 이미지는 '차 없는 도시(The Car Free City)'이다.

마스다르 시티에서는 차량이 전혀 다닐 수 없다. 다만 화재와 재난 등을 신속하게 처리할 수 있도록 비상시에는 소방차와 같은 차량이 들어올 수 있도록 할 계획이다. 이곳에서 살게 될 주민들과 일하게 되는 근로자들은 자전거와 세그웨이 등의 개인 이동수단만을 이용할 수 있다. 화석연료를 사용하는 자동차가 들어오지 못하는 대신 PRT(Personal Rapid Transport)와 LRT(Light Rail Transit)를 체계적으로 도입해 사람들을 이동시키려 하고 있다.

Masdar City _마스다르 시티에 대한 계획내용을 설명하고 있는
영국의 포스터앤파트너스(Foster&Partners).

PRT는 모든 것이 자동화되어 운전자가 필요 없이 운행되는 새로운 개인 신속 수송체계(Personal Rapid Transport)를 말한다. PRT는 기존의 트랙 기반 운행에서 벗어나 콘크리트 노면 상에서 전통적인 고무 타이어를 사용하며 노면 아래 매장된 자석에 의해 유도되도록 하였다. 마스다르 도시 전체에는 총 76개의 PRT 정거장이 배치되어 있는데, 이 도시에 사는 사람들은 어느 곳에 있든지 150m 이상을 걷지 않고 PRT 정거장에 도달할 수 있어 언제 어디서든 쉽게 이용이 가능하다. PRT의 각 차량은 4인승이며 탑승 후엔 정차 없이 목적지까지 이동하게 된다.

LRT(Light Rail Transit)는 우리나라에서 '경전철'로 불리는 교통 시스템이다. 마스다르에는 도시 북동쪽에서 남동쪽으로 대각선 방향으로 이어지는 총 7.5km의 철도를 연결하고자한다. 총 4개의 LRT역이 들어서게 되며 각 역은 PRT와 연계되어 사람들이 편리하게 이용할 수 있도록 계획되었다. LRT는 방향별로 약 8,000명의 승객을 수용할 수 있으며, 매일 약 5,000명의 통근자를 실어 나를 수 있다고 한다. 사람들은 LRT를 이용하여 서쪽 방향으로는 아랍에미리트의 수도인 아부다비까지, 동쪽 방향으로는 공항까지 갈 수 있다.

그렇다면 외부에서 차를 가지고 마스다르에 방문하는 사람은 어떻게 해야 할까? 답은 외곽에 위치한 주차장에 있다. 외부에서 차를 이용해 마스다르를 방문하는 사람들은 외곽의 원형 모양으로 생긴 주차장 안에 차를 주차시키고 PRT와 LRT를 이용해 도시 내부의 원하는 목적지까지 진입해야 한다. 물론 마

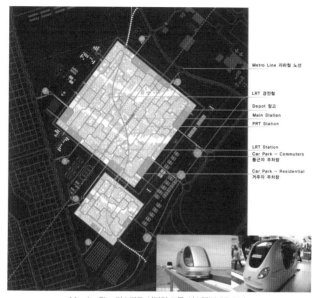

Metro Line 지하철 노선
LRT 경전철
Depot 창고
Main Station
PRT Station
LRT Station
Car Park - Commuters 통근자 주차장
Car Park - Residential 거주자 주차장

Masdar City_마스다르 시티의 교통 시스템(이재준, 2011).

스다르 시티에 방문하는 가장 쉬운 방법은 지하철이나 LRT를 이용하는 것이다. 마스다르 시티는 도시 전체가 6m 정도 위로 띄워진 필로티 형식(건물 전체 또는 일부를 지상에서 기둥으로 들어 올려 건물을 지상에서 분리시킴으로써 만드는 공간)으로 조성된다. 그 이유는 아래 6m 공간이 PRT와 LRT 시스템을 수용할 수 있도록 하기 위해서다. 이러한 시도는 거리에 자동차나 다른 교통수단이 다니지 않기 때문에 보행자들이 혼잡한 도로를 걱정할 필요 없이 안전하고 신속하게 이동할 수 있다는 장점이 있다. 또 마스다르 시티는 중동지역이라는 특수성 때문에 극한의 더운

기온을 완화시킬 수 있도록 좁은 거리를 형성하는 아랍 형식의 가로를 통해 보행자들이 이동할 수 있도록 배려되었다.

## 보봉(Vauban)

### 자동차 이용을 억제하는 '카 리듀스(Car Reduce)' 주거단지

보봉(Vauban) 주거단지는 최소한의 차량만을 유입시키는 '카 리듀스(car reduce)' 주거단지다. 보봉 주거단지는 앞서 소개한 마스다르 시티와 같이 차량의 출입이 일절 금지되는 '카 프리(car free)' 주거단지를 실현하지는 못했지만 차의 이용을 최대한 억제하는 단지계획 기법과 정책을 도입하여 최소한의 차량 이용을 허용하고 있다. 보봉 주거단지가 차 없는 주택지를 실현하지

Vauban_보봉(Vauban) 주거단지를 지나는 노면전차(tram).

못한 이유 중 하나는 독일의 주택건설에 관한 법률 때문이다. 보봉 주거단지가 위치하고 있는 프라이부르크시를 포함하는 바덴뷔르템베르크 주의 건축법에서는 주택을 건설할 때 1세대당 최소 1대의 주차장을 마련하도록 명시하고 있으며, 독일 대부분의 주에서도 이에 상응하는 규정을 적용하고 있다. 이러한 기준은 차를 가지고 있지 않은 사람에게도 적용돼 카 프리를 실현하고자 했던 보봉 주택지와 같은 곳에서 다소 문제가 되었다.

주거단지 중심을 가로지르는 보봉로 주변으로 전체 면적의 약 75퍼센트에 달하는 주택에는 주차장이 없다. 처음부터 이 구역은 주차장을 짓지 못하는 구역으로 규정된 곳이다. 대신 다음 도면에 표시된 세 개의 주차장을 조성하여 법적으로 필

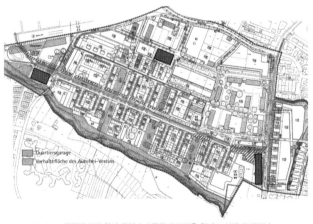

Vauban_공동주차장 위치: 중앙과 오른쪽 주차장은 현재 조성된 주차장이고, 왼쪽에 조성된 주차장은 필요할 경우를 위해 남겨놓은 부지이다.

요한 주차공간을 확보하도록 하였다. 만약 차를 소유하게 될 경우 이 구역에 사는 사람들은 불편하고 비싼 주차장을 이용하게 된다. 현재 조성되어 운영 중인 2개의 입체주차장(도면 중앙과 오른쪽 흑색 표시)에 주차권을 구매해야 하며, 매달 19유로의 관리비를 지급해야 한다. 보봉에서 차량 없이 거주하는 주민의 경우 공유 자동차(Car-sharing) 프로그램에 가입하면 프라이부르크 시에서 1년간 대중교통 무료이용권과 기차표 50퍼센트의 할인 혜택을 주고 있다.

보봉 주거단지는 자동차 사용을 억제하기 위해 비싸고 불편한 주차장 제공과 함께 자동차가 다니기에 불편한 도로도 함께 건설했다. 보봉 주거단지에서 가장 우선시되는 것은 보행과 자전거이며 자동차는 제일 후순위로 밀려난다. 외부 도로에서 주거단지 안의 도로로 들어오면 자동차는 30km 이상의 속도를 넘으면 안 된다. 특히 주거 지역의 경우는 사람이 걷는 속도와 같은 5km로 운행해야 한다. 보봉 주거단지 안에서 자동차는 순환할 수 없도록 도로가 조성되어 있으며 자전거와 보행을 통해서만 단지 내를 마음껏 이동할 수 있다. 이러한 아이디어는 주민들이 제안한 것이며 시는 주민들의 아이디어를 계획안에 적극 반영하였다.

보봉 주거단지는 차의 이용을 최대한 불편하게 하는 대신 노면전차와 버스 등의 대중교통 수단, 자전거 및 보행이 편리하도록 하였다. 보봉 주거단지에는 '3번 보봉노선'이라고 불리는 노면전차 라인이 2006년 4월부터 개통되어 시가지 중심까지 10

Vauban_보봉 주거단지를 가로지르는 노면전차.

분 정도면 도착할 수 있다. 노면전차 정류장은 주거단지 중심을 가로지르는 보봉로를 따라 세 곳이 마련되어 있다. 이곳 주민들은 단지 외곽에 조성된 주차장으로 가는 것보다 노면전차 정류장으로 가는 것이 훨씬 가깝다. 노면전차는 일반적으로 7.5분마다 한 대씩 운행되기 때문에 사람들은 언제든지 편리하게 이용할 수 있다.

자전거 전용도로는 주거단지 내뿐만 아니라 시 중심이나 시외곽으로 가는 길에도 잘 마련되어 있다. 자전거를 타고 시가지 중심으로 이동할 경우 약 15분 정도가 소요되는데, 이는 자동차를 타고 움직이거나 대중교통을 타고 이동하는 시간과 별차이가 없다. 실제로 집 앞 현관에서 출발하여 시가지 중심까지 도착 시간을 재어본다면 집 앞에서 자전거를 타고 바로 출발하는 것이 자동차 주차장 또는 노면전차 역까지 이동해 다시 시내로 이동하는 것보다 빠르며 시간도 정확히 예측할 수 있다. 보봉이 속한 프라이부르크시는 독일의 대표적인 환경 수도로써 자전거도로 네트워크도 시 전체적으로 잘 구축되어 있다. 보봉에 사는 주민들은 자동차 없이도 '트램'이라 불리는 노면전차와 버스, 자전거를 사용하여 편하고 신속하게 이동할 수 있으며 부득이 자동차 이용이 필요한 경우 공동 차량을 사용하면 되기 때문에 비싼 돈을 들여 굳이 차를 소유할 필요가 없다.

## 베드제드(BedZED)

### 자동차 공유하기(Car Sharing)

물론 자동차를 사용하지 않는 사람들도 자동차가 필요한 경우가 있다. 어린 아이를 데리고 비교적 먼 거리를 이동해야 한다거나 많은 짐을 가지고 이동해야 하는 경우, 때로는 단순히 드라이브가 하고 싶은 경우도 있다. 이렇게 자동차를 소유하고 있지 않은 사람들이 자동차를 필요로 할 때 공유자동차를 나눠 쓰는 제도가 바로 '카쉐어링(자동차 함께 타기, Car Sharing)[8]'이다. 카쉐어링 제도가 활성화되면 사람들은 굳이 자동차를 소유하지 않고도 자동차가 없는 불편함에서 벗어날 수 있다.

카쉐어링의 경우 스위스에서는 1940년부터 이미 동료들이 함께 차를 소유하는 형태가 존재했다고 한다. 오늘날의 카쉐어링은 1980년대 후반 스위스 학생들에 의해 시작되었으며 전

BedZED_베드제드 단지 전경.
단지 안으로 차량이 들어올 수 없도록 볼라드를 설치하였다.

세계에서 가장 규모가 큰 카쉐어링 회사인 모빌리티사[9]가 스위스에 있다. 또 독일의 경우 작은 단체나 유한회사, 주식회사 등에 의해 운영되고 있다. 독일 카쉐어링 협회 자료에 의하면 2005년 기준으로 독일의 카쉐어링 회사의 회원수는 7,000명, 보유 차량대수는 2,700대, 카쉐어링의 스테이션수는 1,300개소로 전년보다 5~10퍼센트 가량 증가하였다고 한다.[10] 영국에서의 카쉐어링이라는 용어는 우리나라의 '카풀'제도인 자동차 함께 타기의 의미가 더 강하다. 차를 공동으로 소유하고 이용하는 측면에서의 카쉐어링은 주로 '카클럽(Car Club)'이나 '시티카(City Car)'라는 용어가 주로 사용된다.

영국은 카쉐어링 제도가 주택개발정책과 연계되어 함께 발전되어왔으며 여기서 설명하고자 하는 베드제드(BedZED) 주거단지가 그 대표적 예이다. 1990년에 개정된 영국의 도시농촌계획법(Town and Country Planning Act)에서는 개발자가 주택 개발을 할 때 카쉐어링을 도입하면 계획 허가를 보다 용이하게 받을 수 있도록 규정했다. 영국의 경우 일상생활에서 발생하는 이산화탄소의 약 3분의 1을 교통부문이 차지한다고 한다. 이에 따라 베드제드는 영국 평균인 가구당 1.6대의 주차 공간 보다 40퍼센트 적은 가구당 1대의 주차 공간을 만들고 주차비로 1년 동안 220파운드의 주차비를 내도록 하여 자동차 사용 억제를 유도했다. 대신 런던에서 가장 큰 카쉐어링(Car Sharing) 회사인 '시티카 클럽(City car club)'과 제휴해 자동차를 공유하여 사용할 수 있는 환경을 조성함으로써 약 30~40명이 3대의 차를 공동으로 사용하고 있다. 더불어 단지 내에는 2대의 전기자동차가 배치되어 있으며 태양광 발전을 통해 충전할 수 있는 충전기도 마련되어 있다.

카쉐어링의 경우 일상생활 공간과 가까운 곳에서 이용할 수 있기 때문에 렌트카보다 접근성이 좋고 저렴한 가격과 짧은 임대기간(1시간 또는 그 이하), 또 회원제 운영 절차가 매우 간소하

BedZED_전기자동차와 공유차량 모습.

다는 장점 때문에 최근 유럽과 미국, 일본 등 전 세계적으로 퍼져나가는 추세다. 우리나라의 경우도 2009년 10월 경기도 군포시에서 도입된 바 있으나 이용이 활성화되지는 못했다. 하지만 최근 일본에서 카쉐어링 사업이 급성장하고 있는 추세이기 때문에 우리나라에서의 활성화 여부 또한 다시 긍정적으로 논의될 수 있는 시점이다.

# 녹지가 함께 어우러진 생태주거단지

**진정한 녹색도시로 다가가기 위한 '녹지와 생태'**

　나무는 성장하면서 대기 중에 있는 이산화탄소를 흡수하고 흡수한 이산화탄소를 줄기나 가지에 오랜 시간 동안 축적한다. 일본은 기후변화협약에 의거해 온실가스에서 가장 큰 비중을 차지하는 이산화탄소 저감의 의무를 갖고 있는 나라 중 하나인데, 최근 일본은 산림 조성으로 약 1,300만 톤의 이산화탄소를 흡수하는 방식으로 탄소저감을 실현하겠다는 계획을 발표한 바 있다. 하지만 많은 양의 이산화탄소를 흡수하기 위해서는 매우 큰 규모의 산림 면적이 필요하며 땅값이 높은 도시지역에 녹지와 산림을 조성한다는 것은 비용의 효율적 측면에서 바람직하지 않다고 볼 수 있다. 실제로 단순히 탄소를 저감하는 측면만 고려한다면 녹지를 조성하는 것보다는 화석연료를 주 연료로 사용하는 자동차의 사용을 줄이고 가정에서 사용되는 난방에너지와 전기에너지를 줄이는 편이 더 낫다.

하지만 녹지는 단순히 탄소를 흡수하는 것에 그치는 것이 아니라 휴식공간의 제공, 쾌적한 도시환경의 제공, 심리적 안정감 제공의 역할도 하고 있다. 또 지속 가능하고 건강한 생태환경을 유지하기 위해 필요한 다양한 생물들의 서식처가 되기도 하며 사람들과 자연생태계가 만나는 가교의 역할을 하기도 한다. 우리가 그동안 꿈꿔왔던 주거공간을 생각해 보면 내 집 앞으로 잔디와 나무가 포함된 푸른 녹지공간이 함께 어우러진 형태가 많다. 이러한 주거 형태는 영국 최초의 생태주거단지를 표방한 '그리니치 밀레니엄 빌리지'와 지속가능한 주거의 대표적인 사례인 스웨덴 '말뫼 주거단지'의 모습을 통해 살펴볼 수 있다.

## 그리니치 밀레니엄 빌리지(Greenwich Millennium Village)

자연과 인간이 함께 공존하는 영국 최초의 생태주거단지

영국의 그리니치 밀레니엄 빌리지(Greenwich Millennium Village)는 도클랜드 지역 재개발 과정에서 생겨난 주거단지 계획의 하나로써 영국 최초의 생태주거단지를 표방한 프로젝트다. 밀레니엄 빌리지 방문 시 제일 처음 접하게 되는 두 가지 특징은 알

GMV_생태공원에서 주거단지를 바라본 모습.

록달록한 색채의 건축물과 단지, 그리고 바로 인접해 있는 호수 및 생태공원이다. 주황과 빨강 계통의 건축물 색은 자연 녹색의 공간으로 조성된 생태공원과 극명하게 대비되어 공간의 활력을 더해주는 느낌이다.

또 밀레니엄 빌리지는 기존의 매립지를 새로운 생태공간으로 탈바꿈하는 것이 중요한 목적이었기 때문에 다양한 생태계획 기법이 적용되었다. 밀레니엄 빌리지는 우선 물고기와 새 등의 주변 서식환경을 보존하기 위해 보존지를 함께 포함하여 개발하도록 하였다. 야생동물을 보호하고 겨울철의 북서풍을 막기 위해 보전지역 주변에는 둔덕을 조성하였으며 녹색 회랑(Green Corridor) 남쪽 대상지를 넘어 그 주변까지 모두 생태적으로 연결되도록 하였다.

GMV_주거단지와 함께 어우러지는 생태 공간.

  그리니치 밀레니엄 빌리지(Greenwich Millennium Village)는 템즈 강과 연결된 습지가 한데 어울려 조성되어 있다. 기존 습지를 동식물 서식처로 조성하여 생태계의 다양성을 최대한 확보하도록 하였으며 이를 주민들의 휴식 공간 및 자연학습장 역할로 활용하도록 하였다. 단지 안에 위치한 생태공원에는 다람쥐를 비롯하여 오리, 백조 등의 다양한 동물과 더불어 수생식물, 곤충들을 직접 보고 만지고 관찰할 수 있다. 단지 내 빗물을 저장하는 저류지를 겸하여 조성된 호수에는 식생들이 생태적 기능 위주로 식재되어 자연적으로 유지, 관리되는 녹지공간이 조성되었다. 이렇게 조성된 생태 공원은 지역적으로 쾌적한 미기후를 형성하는 데 기여한다.

## 말뫼(Malmö) Western Harbour

Western Harbour는 스웨덴 남서부 말뫼(Malmö)의 서북쪽에 위치한 항만지역으로 기존 항구의 낙후된 공업지대를 재개발하여 지속가능한 수변 도시 및 주거지역으로 전환한 사례다. 인구 1만 명을 위한 주거단위(housing unit)와 2만 명을 수용할 수 있는 대학과 연구소, 그리고 업무시설로 이루어져 있다. 말뫼(Malmö)시는 이 프로젝트를 통해 시대에 뒤지고 오염된 옛 회색의 산업항만 도시이미지에서 벗어나, 젊고 매력적이고 지적이며 미래지향적인 이미지를 추구하였다. 특히 환경의 지속가능성은 Western Harbour 개발의 중요한 개념으로 중고밀의 도시·주거 공간과 다양한 생태환경이 공존할 수 있음을 보여주고자 하였다. 지속가능한 도시로 조성하기 위해 좋은 건축 디자인과 풍부한 녹지, 난방 에너지 절감 등의 체크리스트를 만들어 계획, 건축, 환경의 질적 향상을 위해 개발자들과 대화를 통해 합의점을 찾고자 노력하였다. 개발의 중심개념이 되고 있는 지속가능한 도시 및 주거 공간을 만들기 위한 전략으로는 ①건물, 중정, 정원, 공원, 광장의 다양한 구성, ②지역의 재생가능 에너지 사용, ③보행자 및 자전거 우선도로 조성, ④경관관리를 위해 초기에 큰 나무 식재, ⑤생물적 다양성 요소의 적극 고려, ⑥3개의 New Park 조성, ⑦쓰레기, 물 처리를 위한 최신기술 적용 등이 있다.

특히 Western Harbour의 서쪽에 위치한 Bo01('거주하다'를 의

Malmö_주거지 안의 녹지 공간.

미하는 스웨덴어 'bo'와 프로젝트가 시작된 2001년의 '01'을 따온 것) 지역
은 2001년 여름에 열린 유럽 주거박람회 전시장으로 스웨덴
의 첫 번째 전시프로젝트이다. 지속가능한 정주지 개념과 경관
(Landscape)을 고려한 새로운 커뮤니티 형성의 핵심역할을 하는
곳으로서 지속가능성과 조경에 대한 아이디어 실험장 역할을
하고 있다. Bo01은 인접한 바닷가에 조성된 넓은 공원과 연계
되는 작은 중정을 조성하기 위해 대부분 중정형으로 계획되었
다. 이 주거지 안에는 바닷물을 정화하여 끌어들인 수생 비오
톱(도심에 존재하는 인공적인 생물 서식 공간)이 조성되어 있으며, 이
는 Western Harbor 지역의 전체적인 그린네트워크 차원에서 계
획되었다.

Malmö_주요 공원 모습.

### 체계적인 녹지체계: 3개의 New Park와 Green Point

말뫼(Malmö)는 면과 선적 개념의 3개의 새로운 도시공원 조성과 함께 점적 형태의 녹지 공간(Greenspace factor and Green point)이 어우러져 쾌적한 주거환경을 제공한다. 방파제 주변의 공원은 자연 형태를 그대로 살리고 스웨덴의 생태적인 특성을 고려한 비오톱을 조성하였다. 주거지역과 면한 해변에는 주변의 돌과 나무를 이용하여 긴 해변을 조성하였다. 스웨덴을 비롯한 유럽 사람들 대부분이 여름에 일광욕을 즐겨하기 때문에 많은 사람들이 이용하고 있으며, 해변을 비롯해 아름답고 흥미 있는 경치와 분위기를 자아낸다. 또 북쪽에는 The Daniaparken(North Park)이라 불리는 녹지로 이루어진 공원이 조성되어 있다.

세 개의 공원과 더불어 Bo01 지역의 녹지공간계획에서는 소규모 녹지공간 조성을 위한 Green space factor and Green point가 적용되었다. 이는 녹지율을 높이려는 계획 중 하나로써 녹지율을 0.0~1.0까지 차별적으로 계산하는 방법을 마련하여 말뫼 지역에서는 모든 계획에서 0.5이상이 되도록 계획하였고, 모든 주거단지 내 중정은 생태적이고 지속가능한 요소를 담아 녹지율 계산에 포함되도록 하였다. 또한 큰 나무와 넓은 수공간, 연못, 비오톱 등을 다양하게 도입하고 중정을 비롯한 공적 영역의 공간을 생태적으로 조성하였으며 개인정원과 어린이공원 등의 공원녹지 시설을 풍부하게 조성하였다.[11]

# 기후변화 적응을 위한 물과 바람의 순환

## 지구온난화로 인한 환경위기와 적응 방안

최근 기후변화로 인한 지구온난화와 환경위기론으로 인해 기후변화에 대응하기 위한 노력이 한창이다. 기후변화에 대응하기 위한 노력은 크게 기후변화의 원인인 온실가스, 특히 이산화탄소($CO_2$)를 최대한 줄이기 위한 방안으로 '기후변화 완화(Mitigation)'와 기후온난화로 변화하는 기후 환경에 적응하기 위한 방안인 '기후변화 적응(Adaptation)'으로 나눌 수 있다. 기후변화 적응(Adaptation)을 위한 노력은 기후변화로 인한 다양한 재해로부터 사람들의 안전을 도모하는 매우 중요한 사안이지만 우리나라의 경우 그동안 탄소를 저감하기 위한 기후변화 완화

(Mitigation) 노력에 비해 그 중요성이 덜 강조되어 온 것이 사실이다. OECD(2010)에서 발간한 Competitive Cities and Climate Change라는 보고서에는 기후변화로 인해 해안범람의 위험과 강수와 폭우, 폭염과 열섬효과, 가뭄과 물 부족의 환경재해가 예상되어 있으며, 실제로 20세기 들어 전 세계적으로 이러한 환경재해가 증가하고 있는 것이 데이터를 통해 확인되고 있다.

이상 강우 현상의 발생으로 인한 도시 홍수 발생 증가, 폭염과 열섬효과, 가뭄과 물 부족 등의 환경재해는 주로 물·바람과 관련이 있다. 이에 따라 최근에는 기존의 대규모 유역의 중앙집중형 물 관리 시스템이 갑작스런 호우나 태풍의 재해에 대응할 수 있는 분산식 물 관리 시스템으로 변화하고 있다. 주거단지 내의 건축물과 저류지 등에 빗물을 저류하고, 녹지와 땅 속으로 빗물을 최대한 침투시켜 빗물이 한꺼번에 흘러나오는 것을 막는 것이다. 또한 폭염과 열섬현상은 녹지와 바람길 형성을 통해 극복하고자 한다. 독일의 림(Riem)은 생태적이고 복합적인 컴팩트시티를 추구하면서 주변의 신선한 바람을 집 앞까지 끌어들이기 위해 바람을 고려한 녹지계획을 수립했다.

## 크론스베르크(Kronsberg)

### 모범적인 우수 처리 계획

독일 하노버 남동쪽 8km에 위치한 크론스베르크(Kronsberg) 신도시는 과거 농업지역으로 하노버 국제전시장과 연접하여

Kronsberg_경사지를 활용한 빗물이동 통로 조성.

160ha 규모의 주거 중심 단지로 개발된 곳이다. 크론스베르크는 하노버시가 2000년 엑스포 장소지로 결정되면서 이에 걸맞는 선진적 개념의 주거단지를 공급하기 위해 지속가능한 개발을 실천하는 생태도시의 계획개념을 특화해 도입하였다. 총 6,000세대 규모의 주거단지에 생태도시 계획분야별 요소를 적용하기 위해 주민참여, 다양한 설계 아이디어 공모 등을 추진하였으며 하노버시와 정부를 중심으로 지역 개발업자, 주택투자자, 환경운동단체 등이 참여하였다. 크론스베르크(Kronsberg)는 특히 개발 이전의 상태와 같은 유수배출 및 지하수 함양을 도모하는 빗물관리 및 물 순환체계를 적용한 가장 모범적인 사례이기도 하다.

크론스베르크는 지역의 지하수량을 조절하기 위해 단지 내에서 우수를 최대한 저장하였다가 하천으로 방출하도록 하였다. 빗물은 녹지와 함께 조성된 홈통으로 모아지게 되며 자갈로 채워진 지하탱크로 인해 정화된다. 정화된 빗물은 흙 밑으로 침투되며, 비가 많이 올 경우에는 하수관을 통해 밖으로 흘

Kronsberg_단지 내 우수처리 공간.

러나오게 된다. 도로 주변에는 도로와 평행하게 빗물 처리를 위한 홈통이 설치되어 있으며, 저장 공간은 도로를 따라 조성되어 있다. 이러한 빗물처리계획은 환경연합의 조언과 도움으로 이루어졌다.

또 크론스베르크의 물 순환 체계는 전체의 물 흐름이 단절되지 않도록 동쪽에서 서쪽으로의 경사를 이용하였으며 총 4단계에 걸쳐 단계별로 적용되도록 하였다. 1단계는 건축물과 주거단지 내부 물 관리로 모든 건물에서 흐르는 빗물을 오픈수로와 침투수로를 통해 단지 내부에 조성된 오픈생태수로에 침투되도록 하였다. 또한 건축물의 지붕녹화(대상지의 약 30퍼센트)를 조성하고, 비포장 면적을 확대하여(대상지의 약 56퍼센트) 빗물의 흐름 속도를 지연시키고 있다. 2단계에서는 단지 곳곳에 생태정

화연못을 조성하여 빗물을 침투, 저장시키고 더불어 물 정화와 함께 미기후를 향상시킨다. 3단계에서는 강우 등으로 물량이 증가하여 단지 내에서 감당할 수 없을 경우 남쪽과 북쪽에 조성된 생태하천으로 흐르도록 하였으며, 4단계에서는 생태하천에서 흘러온 빗물을 북서쪽에 위치한 대규모 생태연못에 저장 및 침투되도록 하고 있다.

크론스베르크의 가장 대표적인 기법은 생태적 기능을 고려하여 체계적으로 토양에 빗물이 침투되도록 하는 Mulden-Rigolen-System(도랑-집수관-시스템)이다. 보행로 광장, 차도 등에는 도시 미관을 고려한 빗물이용 및 침투시설을 조성하고 있으며, 외부 주차장과 인공지반 위에는 빗물침투기능을 포함한 녹지공간으로 조성하였다.

Kronsberg_빗물 침투 공간 조성.

# 박람회도시 림(Messestadt Riem)

## 지역 특성을 고려한 우수의 활용

독일 뮌헨에 위치한 박람회도시 림(Messestdt Riem)은 빗물의 흐름을 지연시켜 홍수를 막는 방법으로 단지 내 풍부한 녹지를 조성하는 것과 함께 지붕녹화, 투수성 포장을 확대하였다. 이와 더불어 도시설계 차원에서 건축물의 용도에 따라 빗물을 어떻게 이용할지를 구체적으로 제시하여 갑작스런 폭우에 의한 홍수 피해를 막고 있다. 주거단지의 경우 1~5층 규모의 녹화된 지붕이 없는 건물, 1~3층 규모의 녹화된 지붕을 가진 건물은 정원과 세탁을 위한 우수 활용이 가능하도록 지어졌으며, 1~2층 규모의 녹화된 지붕이 있는 공용건물은 전체적인 물 사용량이 적기 때문에 정원과 세탁 및 화장실 사용을 위한 우수

Messestadt Riem_우수 침투를 최대한 고려한 단지 내 녹지공간.

활용이 가능하도록 하였다.

또한 독일 림은 주변 특성을 고려하여 빗물을 저장하고 활용한다. 도시전체 차원에서 물의 흐름이 단절되지 않도록 수공간을 연결하였으며, 밀도가 높게 계획된 산업단지와 업무상업지역에 커다란 수변공간을 조성하였다. 도시 남동쪽에는 생태공원과 함께 친환경적인 호수를 조성하여 홍수예방을 도모하고 있다. 주거단지 내부에는 빗물을 이용한 어린이 놀이시설을 곳곳에 배치하여 단지 지하에 설치된 저장시설에서 덤핑할 수 있도록 하였다. 남동쪽에 조성된 생태호수는 여름철 야외수영

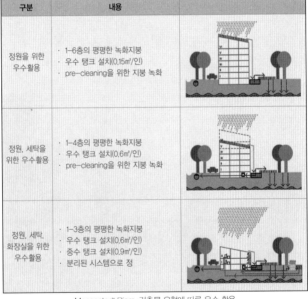

| 구분 | 내용 | |
|------|------|---|
| 정원을 위한 우수활용 | · 1-6층의 평평한 녹화지붕<br>· 우수 탱크 설치(0.15㎥/인)<br>· pre-cleaning을 위한 지붕 녹화 | |
| 정원, 세탁을 위한 우수활용 | · 1-4층의 평평한 녹화지붕<br>· 우수 탱크 설치(0.6㎥/인)<br>· pre-cleaning을 위한 지붕 녹화 | |
| 정원, 세탁, 화장실을 위한 우수활용 | · 1-3층의 평평한 녹화지붕<br>· 우수 탱크 설치(0.6㎥/인)<br>· 중수 탱크 설치(0.9㎥/인)<br>· 분리된 시스템으로 정 | |

Messestadt Riem_건축물 유형에 따른 우수 활용.

Kronsberg_빗물 침투 공간 조성.

장으로 활용하고 주변은 생태적으로 조성하여 생물서식지 및 환경교육의 장으로도 활용된다.

림은 전체적으로 3단계 물 순환체계를 구축하였다. 1단계는 건축물의 지붕녹화로 빗물의 흐름 속도를 지연시키고 있다. 2단계는 단지 곳곳에 풍부한 녹지공간과 투수시설을 통해 침투시키고 있다. 마지막으로 3단계는 강우 등으로 우수량이 증가하여 설치된 오픈 수로와 침투시설이 감당할 수 없을 경우 도심 중심부 수변 공간에 집결되고, 남동쪽에 조성된 호수로 흐르도록 설계되었다.

### 바람길을 고려한 녹지계획

림(Riem)은 계획 시작단계에서부터 생태중심의 도시와 단지 계획을 고려하여 조성된 곳이다. 뮌헨시는 환경적인 적합성과 영향에 대한 연구를 실시해 동서 방향으로 400m 폭의 기후축을 설정하고 3분의 1의 녹지공간을 마련하도록 했으며, 환경영향 평가를 통해 동쪽에 위치한 반 자연적인 숲 공간과 서쪽 부근의 초지를 보전토록 하였다. 또한 이러한 보전지역을 바탕으로 남북 방향을 중심으로 하는 녹지축계획을 마련하였다. 림은 전체 개발면적의 약 50퍼센트가 녹지다. 남쪽에 위치한 경관공원이 대부분의 녹지 면적을 차지하고 있고, 동쪽에 약 20ha의 공간은 생태적으로 조성되었다.

림은 녹지와 바람길을 함께 고려하여 계획되었다. 그 이유는 녹지가 신선한 공기를 제공하고 공기순환을 돕는 에어 댐(Air dam) 역할을 하기 때문이다. 이에 따라 도시차원에서 동서방향으로 400m 폭의 녹지 공원을 조성하였고 동서방향의 도로를 따라 녹지연결을 도모하였다. 또한 개발지를 둘러싸도록 도시

Messestadt Riem_대상지 남측의 녹지를 보존하여 커다란 공원부지로 남겨놓았다.

경계를 따라 녹지를 조성하여 외부에서 신선한 공기가 도시 내부로 유입될 수 있도록 고려하였다.

지구 차원에서는 주거단지 사이에 남북 방향으로 50m 폭의 녹지축을 마련하였다. 녹지축 중앙은 바람이 쉽게 유입되도록 녹지를 조성하지 않고, 건축물 주변으로만 녹지를 조성하는 등 세심한 계획을 수립하였다. 건물들은 남쪽에서 불어오는 신선한 바람을 유입할 수 있도록 남측을 향해 개방된 건물 및 단지 구조를 이루고 있다.

## 리젤펠트(Rieselfeld)

### 생태적인 물 순환 시스템

독일의 경우 1980년대 후반에 도시 확장 및 개발이 한창이었는데, 프라이부르크 서쪽에 위치한 리젤펠트(Rieselfeld)는 보봉(Vauban) 등과 함께 대표적인 사례로 꼽힌다. 리젤펠트는 총 면적 320ha 중 70ha만 개발되었고, 나머지 지역은 자연보호지역으로 지정받아 보호되는 등 친환경적인 개발을 추구하였다. 1994년 이래 12,000명이 입주하는 생태적 주거단지로 조성되었으며, 1970년대 도시개발정책 실수를 개선하고 질적으로 우수한 주거환경의 조성을 목표로 추진되었다.

리젤펠트는 주변에 우수한 보존녹지와 하수 처리시설이 위치하고 있으며, 특히 주변 녹지와의 연계가 잘 이루어져 있다. 리젤펠트는 앞서 소개한 독일의 림(Riem)과 같이 도시 전체를

Rieselfeld_단지 내 녹지와 빗물침투 및 저류시설(좌), 단지 내 실개천(우).

대상으로 한 3단계 물 순환 시스템이 적용되었다. 1단계는 모든 건축물과 단지에 빗물침투와 이용시설을 마련하였다. 특히 단지 곳곳에 개방형 우수저장 및 우수정화를 위해 생태연못을 조성하였다. 2단계는 단지 가운데 흐르고 있는 기존 생태하천과 연계하였다. 또한 3단계는 단지 내 용량을 넘어설 경우 단지 내 생태하천을 통해 서쪽에 위치하는 주변 생태하천과 연계되어 대상지 외부로 흐르도록 하였다.

Rieselfeld_녹지축이 이어진 주거단지 전경.

Rieselfeld_2006년 항공사진.

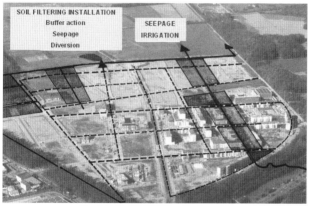

Rieselfeld_물 순환 계획(자료 : williemiller.co.uk).

리젤펠트 주거단지는 생태적인 주거단지로 유명하다. 건축물의 지붕녹화, 인공지반 녹화, 도로변 녹화 등이 생태적으로 잘 조성되어 있다. 녹지는 보행로 등과 함께 외부에서부터 주거단지 내부 집 앞까지 자연스럽게 연계되며, 곳곳에 설치된 연못은 우수저장 공간의 역할과 더불어 휴식공간과 랜드마크 역할을 담당한다. 대상지 중심지역에 위치한 녹지광장은 빗물이 최대한 땅 속으로 침투될 수 있도록 조성하였고, 하천은 녹지광장을 중심으로 흐르도록 되어 있다. 단지 내 지하주차장에는 인공녹지를 통해 침투된 빗물이 저장되어 필요시 편리하게 이용하도록 되어 있다. 리젤펠트는 내 집 앞까지 이어지는 풍부한 녹지와 생태연못, 빗물침투 및 이용시설, 생태하천이 체계적으로 계획되어 개발 초기부터 홍수문제를 예방하기 위해 노력하였다.

## 보봉(Vauban)

### 보봉의 물 순환 시스템

보봉(Vauban) 단지는 1992년 프랑스군 철수 이후 프라이부르크시가 독일 연방정부로부터 대지를 구입하여 생태적인 주거위주의 복합용도 프로젝트로 진행(1994~2006년)하였다. 우리나라와 지구단위계획과 유사한 독일의 지구상세계획 B플랜에 따르면 보봉 주거단지 내의 각 주택에는 도로와 평행하게 폭 3m 정도의 앞뜰을 설치하도록 지정되어 있다. 이 앞뜰 부분에는 출입구 도로, 쓰레기통 두는 곳, 자전거 보관소 등을 제외하고 지면을 봉쇄하는 것이 금지되어 있으며 건물 지붕에 내린 비를 이 앞뜰 부분을 통해 도로로 배출하도록 의무화하고 있다. 또

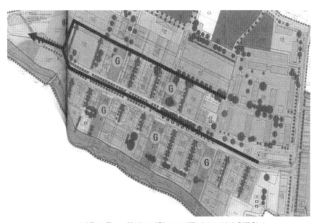

Vauban_빗물 흐름도 : 화살표 방향으로 빗물이 흐르면서 침투한다.
(자료: 무라카미 아쓰시 지음, 최선주 옮김(2009) 프라이부르크의 마치즈쿠리,
한울아카데미 자료를 바탕으로 재작성).

Vauban_도로에 흐르던 빗물이 우수녹지 공간으로 이동하는 통로.

주거지역의 모든 도로 양끝에는 근소한 경사를 이용하여 빗물이 지나가는 길을 만들었다. 주거지역에서 모인 빗물은 주택지

를 관통하는 보봉로 연변(노면전차궤도 옆)과 보봉로와 평행한 북측의 도로 연변에 있는 빗물의 지하침투를 위한 웅덩이(빗물 침투 시설)로 모이게 된다. 이러한 빗물 침투 시설은 주택지 내에 연장 1km 넘게 설치되어 있다. 빗물침투를 위한 웅덩이의 지하에는 자갈을 철망에 넣은 빗물 일시보존 시설이 매설되어 있으며, 여기에 저장된 빗물은 천천히 지하로 침투해간다. 또한 옥상녹화의 의무화나 녹지의 조성, 아스팔트 주차장 금지 등을 통해 토지 봉쇄를 완화하고 있다. 또한 노면전차 전용궤도 주변을 녹화하여 아름다운 녹지 경관과 소음 및 진동 억제, 빗물 침투 등의 효과를 함께 도모하고 있다. 보봉 주거단지는 1년간 주택지에 내린 비의 70퍼센트 이상이 주택지 내에서 지하로 침투하도록 설계되어 있다.

Vauban_노면전차 궤도 옆에 조성된 빗물침투 공간.

# 마스다르 시티(Masdar City)

### 지역 특성을 고려한 바람계획

마스다르 시티는 바람에 대한 고민이 많은 곳이다. 아랍에미리트는 대부분 사막으로 이루어진 곳으로 날씨가 매우 무덥기 때문에 도시나 주거지를 형성함에 있어 바람과 녹지에 대한 관심이 높을 수밖에 없다. 마스다르 시티 역시 외곽지역의 공간구상에서 가장 우선시되도록 계획한 것이 녹지 및 바람계획이었다. 마스다르는 대상지 외곽에 나무를 2중으로 조림하여 사막으로부터 불어오는 모래바람을 막을 수 있는 차단 벨트로 사용했다. 제일 외곽지역에 배치되는 1차 방풍수림대는 남쪽과 남서쪽, 남동쪽에 집중적으로 나무를 배치하여 모래바람을 차단하도록 하였고, 북동쪽은 개방형으로 조성하여 밤에 차가운 공기가 도시 내부로 쉽게 들어올 수 있도록 계획했다. 1차 방풍수림대 안쪽으로 형성되는 2차 방풍수림대는 도시와 주거환경을 보호하는 역할을 하도록 했다. 지역 특성상 모래바람이 많이 불어오는데 2차 방풍수림대는 모래바람을 2차로 필터링

Masdar City_마스다르 시티의 바람을 고려한 녹지계획.

(Filtering)하는 기능을 하며, 2차 수림대를 거치면서 신선한 바람이 유지될 수 있는 기능 또한 기대하고 있다.

# 녹색 에너지의 활용과 자원 순환

저탄소 시대, 기후변화시대를 맞이하여 기후변화의 원인인 온실가스를 줄일 수 있는 가장 핵심적인 방법은 무엇일까? 그것은 바로 연소과정에서 이산화탄소를 배출하는 화석연료의 소비를 줄이는 것이다. 화석연료의 소비를 줄이기 위해서는 화석연료의 에너지 효율을 최대한 향상시키는 노력과 더불어 이산화탄소를 배출하지 않는 대체에너지의 개발이 필요하다.

따라서 저탄소 녹색도시와 주거단지를 위해서는 화석연료의 사용을 궁극적으로 줄이는 차원에서 신재생에너지를 최대한 활용하는 방법을 이용해야 한다. 도시에서 적용 가능한 신재생에너지에는 태양광, 태양열, 지열, 풍력, 연료전지, 열병합발전 등이 있으며, 세계 선진 도시에서는 이러한 녹색에너지를 적극 활용하고 있다. '태양의 도시'라 불리는 독일의 프라이부르크는 그동안 원자력발전에 의존해 오던 전력공급 체계에서 벗어나 열병합발전 시스템을 바탕으로 한 '소비전력 80퍼센트 자급계획'을 수립, 태양에너지 등 재생가능 에너지 개발 등에 앞장서고 있다. 또한 최근 탄소중립도시를 선언한 아랍 에미리트의 마스다르 시티(Masdar City)의 경우는 태양광, 풍력, 지열, 바이오에너지 등의 신재생에너지를 활용하여 도시에서 사용되는 전력을 100퍼센트 활용하고 있다.

## 함마르비(Hammarby sjoestad)

### 세계적인 친환경 자원순환 도시 모델

스웨덴의 수도인 스톡홀름 남동부에 위치한 함마르비 셔스타드(Hammarby sjoestad)는 과거 소규모 항만 시설과 화학폐기물 매립장으로 쓰였으나 지금은 세계적인 친환경도시 모델로 유명한 곳이다. 2004년 올림픽 유치를 목표로 선수촌과 경기장을 건설할 계획이었으나 올림픽 유치에 실패하면서 주변 환경과 생태계를 고려한 지속가능한 주거단지 개발로 변경하였다. 2017년 완공을 목표로 하고 있는 이 주거단지는 약 200만$m^2$ 규모에 1만 1,000 세대(약 2만 5천명)가 거주할 예정이다. 현재는 1단계 공사가 완료되어 약 7,000 세대(약 1만 9천명)가 살고 있다.

이곳은 한때 이명박 대통령이 직접 방문하여 극찬한 곳으로 한국인의 관심을 모으기도 했는데, 에너지 공급과 폐기물 처리

Hammarby sjoestad_수변과 어우러지는 주거경관.

등을 통합적이고 친환경적인 방법으로 관리해 이곳에서 나오는 폐수, 폐열, 쓰레기가 다시 재사용되는 자원순환 도시의 모델을 구축했기 때문이다. 함마르비는 이러한 친환경적인 도시 모델과 함께 숲과 수변공간이 어우러진 쾌적한 주거환경, 스톡홀름 도심까지 경전철을 타고 10분이면 도착하는 접근성 때문에 최고급 주거단지로 각광받고 있다.

함마르비에서 나오는 폐수와 폐열, 쓰레기는 자체 시설을 통해 정화되어 에너지로 재사용된다. 가정에서 나오는 각종 쓰레기와 폐기물들을 처리하면서 생긴 열로 난방을 하고, 음식물쓰레기와 오수찌꺼기는 바이오 가스(Bio gas)로 변환하여 자동차 연료로 사용한다. 각각의 주거동에는 둥근 구멍이 있는 쓰레기통이 설치되어 있는데, 쓰레기를 넣으면 지하에 묻힌 진공관을

Hammarby sjoestad_함마르비 주거단지 전경.

통해 중앙수집소로 자동 수집된다. 이로 인해 함마르비 주거단지에서는 쓰레기로 인한 지저분한 환경을 볼 수 없고 냄새도 전혀 나지 않는다. 쓰레기를 수거해야 하는 번거로움도 없고 주민들은 언제 쓰레기 수거차량이 오는지 걱정하지 않아도 된다. 수거 차량이 필요 없기 때문에 매연발생도 없고, 쓰레기 처리에 필요한 인력도 줄일 수 있다. 또 함마르비는 자체적으로 하수처리시설을 가지고 있다. 이곳에서 발생되는 폐수는 자체적으로 처리되고, 처리하는 과정에서 발생하는 열에너지는 다시 회수되며 나머지 다른 영양분들은 새로운 기술을 통해 재활용되어 농작물에 쓰인다.

함마르비에 필요한 에너지는 지역난방시스템을 통해 공급된다. 지역난방시스템은 재활용 연료를 기반으로 하고 있으며, 연

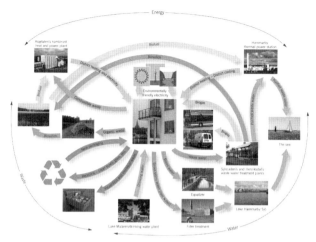

Hammarby sjoestad_함마르비의 자원순환 도시모델(http://www.hammarbysjostad.se/).

소된 쓰레기는 열에너지 형태로 재활용되고 있다. 주민들은 위원회를 조직하여 자원과 재활용품에 대한 분리수거, 사용 중인 에너지와 물 소비에 대한 모니터링을 함으로써 자원의 낭비를 줄이고 있다. 함마르비에서 사는 주민들은 이사 오기 전보다 난방비와 전기세를 절반 이상 줄였다고 한다.

## 마스다르 시티(Masdar City)

### 최초의 탄소제로도시를 꿈꾸다

앞서 차 없는 도시에서 설명한 바 있는 아랍에미리트의 마스다르 시티(Masdar City)는 최초의 탄소제로도시(Carbon Zero City)에 도전한다. '마스다르(Masdar)'라는 이름은 '자원(resources)'이라는 뜻을 가지고 있다. 마스다르는 'Zero Carbon(탄소 제로)', 'Zero Waste(쓰레기 제로)', 'Sustainable transport(지속가능한 교통)', 'Local and Sustainable materials(지역의 지속가능한 자재)', 'Local and Sustainable food(지역의 지속가능한 식품)', 'Sustainable water(지속가능한 수체계)', 'Natural habitats and wildlife(자연적인 서식처와 야생동물)'의 7가지 컨셉 요소(key concept)를 지향한다.

탄소제로도시를 실현하기 위해서는 제일 먼저 화석연료를 주로 사용하는 전력 생산과 난방 등 에너지 문제에 부딪히게 되는데, 마스다르는 태양광과 풍력 등의 신재생에너지를 통해 100퍼센트 자체 공급할 수 있도록 계획됐다. 각각의 가정과 산업시설 건물의 지붕을 활용하여 태양광 패널을 설치할 계획이지만, 마스다르 시티 전체 지붕면적 모두에 설치한다고 하더라도 도시 전체에 필요한 에너지를 공급하기에는 한계가 있기 때문에 교외 지역에 추가로 태양광 발전 단지를 설치하도록 하였다. 해안가 주변에는 페르시아 만에서 불어오는 바람을 활용할 수 있는 풍력 발전을 계획했다. 태양광 발전과 풍력 발전으로도 부족한 전력은 쓰레기로부터 에너지를 생산해 공급하도록 하였다.

마스다르 시티는 미국의 MIT와 협력하여 마스다르 기술대학 및 관련 연구소를 설립할 예정이다. 이를 통해 신기술을 위한 테스트 베드(시험무대)이자 미래 에너지 기술의 메카로 그 역할을 수행할 수 있게 체계를 마련하였다. 또한 도시 전역에 설치된 유비쿼터스 센서로 시민들의 에너지 사용량을 지속적으로 공지하고 에너지 초과 사용 시 사용자는 공과금 추가 지불을 바로 경고하여 에너지 절약을 유도하려는 계획을 가지고 있다. 마스다르에는 그린 에너지(Green Energy)를 전문으로 하는 기업 1,500개 사업장을 수용하도록 했으며 관련 대학, 미래에너지 회사 등을 수용하여 에너지 기술 산업을 지속적으로 발전시킬 계획이다. 마스다르 시티 자체가 바로 최첨단 에너지 기술의 집약체이자 실험공간인 것이다.

# 에너지를 절약하는 건축물과 녹색생활

　기후변화에 영향을 끼치는 온실가스는 산업, 수송, 농업, 폐기물 등 다양한 분야에서 배출된다. 이 중에서 가정, 상업, 공공시설 등 건물 부문에서 배출되는 우리나라의 탄소배출 비중은 2006년 기준으로 약 25퍼센트를 차지한다. 최근 발표된 IPCC의 4차 평가보고서에 의하면 주거건물이나 상업건물 등 건물 부문에서 온실가스를 줄일 수 있는 잠재량이 2020년까지 발생될 것으로 예상되는 발생량(BAU)의 약 30퍼센트를 차지할 것이라고 한다. 건물에서 발생하는 온실가스를 줄이는 일은 신재생에너지를 도입하는 등의 다른 방법보다 비용이 저렴할 뿐 아니라 비용대비 효과도 가장 뛰어나다. 이로 인해 선진국가들을 비롯한 전 세계의 많은 국가들이 새로운 건물을 에너지 절약적인 건물로 조성하거나 기존 건물을 에너지 절약적인 건물로 보수하여 건물에서의 에너지 효율 제고 정책을 적극적으로 시행하고 있다.

유럽연합은 건물에너지절약성능지침(EPBD, Energy Performance of Building Directives)을 수립하여 1,000$m^2$ 이상 대형 건물에 대해 성능개선과 에너지효율 등급 인증을 의무화하고 있다. 기존 건물은 에너지 효율을 개선하기 위해 건물 수리를 의무화하고, 건물을 새로 짓거나 매매, 임대할 때 에너지 효율등급 인증서를 첨부하도록 하고 있다. 독일은 $CO_2$ 감축 건물개축 프로그램을 통해 고효율 방식으로 건물을 새로 지을 경우 장기 저금리 융자 및 보조금을 지원하고 있다. 2001년 이후 총 52만 채를 고효율 방식으로 개축하였는데, 이로 인해 390만 톤의 $CO_2$ 배출을 감소시켰다고 한다. 2008년부터 모든 주택 건물의 에너지 효율을 알 수 있도록 하는 에너지 증서(Verbrauchsausweis) 제도를 의무화하였는데, 에너지 증서에 기재된 녹색/황색/적색의 표시를 보고 에너지 효율 확인이 가능하여 건물 선택의 기준으로 활용되고 있다. 즉, 에너지 효율이 좋은 건물이 건물 관리 비용도 적게 들기 때문에 사람들이 건물을 임대하거나 살 때 고려사항으로 쓰는 것이다. 영국은 에너지성능인증서 첨부를 의무화하고 있으며, 2016년부터는 모든 신축 주택을 제로카본주택(Zero Carbon House)으로 지어야 한다.

# 베드제드(BedZED)

## 에너지 효율 건축물

베드제드(BedZED)는 태양에너지 등을 이용한 에너지 효율성 제고와 단지의 미적 아름다움을 고려하여 설계되었다. 모든 주택의 지붕 위에 태양광 전지(약 777㎡)를 설치하고 창문 표면에도 추가로 태양광 전지를 설치해 생산된 전기로 필요한 전력을 사용하도록 하였다. 단지 내 모든 주택은 난방수요가 일반 주택의 10분의 1수준이 되도록 설계되었다. 주거용 공간은 남쪽에 남향으로 배치하고, 건물 외벽은 300mm의 슈퍼단열재를 사용하였으며, 3중 유리창과 온실(Sunspace), 차양설치 등을 통해 자연적인 태양에너지 활용을 극대화하였다. 특히 베드제

BedZED_베드제드의 랜드마크인 닭 벼슬 모양의 통풍장치.

드의 랜드마크(landmark)라 할 수 있는 닭 벼슬 모양의 통풍장치 (Win Cowl)는 미세한 바람을 건물 안으로 유입하여 실내를 환기시키고 실내 온도를 조절하도록 하였다. 건축 재료는 건축부지 35마일 이내의 지역에서 구할 수 있는 자연소재나 재활용 가능한 재료를 최대한 활용하였다. 건설에 사용된 강철 중 90퍼센트를 인근 지역에서 가져와 재활용함으로써 수송에서 발생하는 탄소발생도 최소화하였다. 또한 사용한 물을 재사용하기 위한 자체적인 정화시설과 빗물 집수 시설을 갖춤으로써 정화된 물을 화장실 용수 및 정원 용수로 사용하고 있다.

베드제드의 건축물은 주거공간을 남측에 배치하고, 사무실을 북측에 배치함으로써 에너지 효율을 높이고 있다. 남측의 주거공간은 자연적인 태양에너지를 활용하여 여름철은 시원하

BedZED_베드제드의 친환경 건축 설계에 대해 설명하고 있는 빌 던스터.

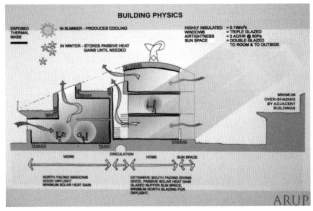

BedZED_베드제드 건축물의 친환경 설계.

게 겨울철은 따뜻한 공간을 형성한다. 북측의 사무공간은 간접적인 자연채광을 활용하여 조명에너지를 줄일 수 있도록 하였다. 모든 창문은 3중 유리로 되어 있으며, 남측에 마련된 온실 공간(sun space)은 추운 겨울철에 태양열을 활용한 자연적인 난방을 이용할 수 있도록 설계되었다. 온실은 바깥 공간과 인접한 부분, 내부 거실 및 방과 연결된 부분 모두 이중창으로 만들어 온실을 통해 얻은 열 손실을 최소화하였다. 인접 건물은 음영발생으로 태양열을 얻는 데 방해가 되지 않도록 설계되었다.

### 녹색생활 실천

베드제드는 탄소발생을 최대한 줄이고 친환경적인 주거단지를 이루기 위해 시민들의 실천을 유도하는 데 노력을 기울였다.

환경컨설팅기구 '바이오 리저널'은 입주 첫 해에 주민들이 녹색 생활을 지속적으로 유지할 수 있도록 훈련시키고 지원하는 담당자를 고용했다. 주민들은 지역에서 생산된 채소, 과일, 유기농 와인, 맥주 등의 로컬 푸드(local food)를 이용하고, 자기 집 정원에서 직접 농산물을 기르는 등, 먹을거리를 수송함으로써 발생하는 이산화탄소를 최대한 줄이고 있다. 또한 온수미터기를 설치하여 주민들이 생활패턴에 따라 온수사용을 줄일 수 있도록 하였으며 인터넷 쇼핑과 단지 내 부대시설을 통해 녹색생활을 실천하고 있다.

## 보봉(Vauban)

### 패시브하우스와 에너지플러스 하우스

독일은 지역의 기후 특성으로 건물에서 소비되는 에너지 중 난방에너지가 대부분을 차지한다. 보봉 주거단지는 이러한 독일 기후의 특성을 감안하여 에너지 절약을 실현할 수 있는 주택 설계를 가장 크게 고려하였다. 독일에서 4명이 사는 일반적인 주택에서는 보통 $m^2$당 연간 14리터[12]의 석유가 필요하다고 한다. 하지만 보봉 주거단지 내에 조성된 대부분의 주택은 $m^2$당 연간 5~7리터의 석유가 소비되는 저에너지 주택이다. 일부 주택들은 $m^2$당 연간 1.5리터가 소요되는 패시브하우스로 조성되었으며, 패시브하우스 위에 태양광 지붕을 설치한 에너지 플러스 하우스도 있다. 이렇게 저에너지 하우스, 또는 패시브하

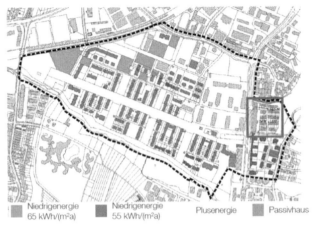

| Niedrigenergie 65 kWh/(m²a) | Niedrigenergie 55 kWh/(m²a) | Plusenergie | Passivhaus |

Vauban_보봉 주거단지의 에너지 절약형 건축물 배치도.

우스에 살고 있는 보봉 주거단지의 주민들은 $m^2$당 약 17리터의 석유를 소비하는 우리나라 건축물에 비해 약 70~80퍼센트의 에너지를 절약하고 있는 셈이다.[13]

패시브 하우스로 조성하기 위해서는 틈새바람을 통해 의도되지 않은 공기가 실내로 들어오게 되는 침기에 의한 열손실 방지를 위해 기밀한 시공이 필요하며 벽체 및 지붕, 바닥 등의 단열 성능이 강화되어야 한다. 또한 고성능 창호의 도입과 배기 폐열 회수장치를 설치하여 바깥의 신선한 공기가 열 손실 없이 내부로 들어올 수 있도록 해야 한다. 이에 따라 보봉 주거단지에 조성된 패시브 하우스는 남향으로 지어졌으며, 벽에는 47cm, 지붕에는 40cm의 단열재를 사용하였다. 또한 창문은 3중창의 고성능 창호를 도입하고, 지하실에는 열병합 발전시설

Vauban_보봉 주거단지 입구 도로변에 위치한'솔라 십(Solar Ship)' 상업건물.
패시브하우스로 건축되었고, 옥상에 에너지플러스 하우스가 조성되어 있다.

을 갖춰 따뜻한 판을 거쳐 올라온 바람이 천장으로 나가면서
신선한 공기를 데워주도록 했다. 에너지플러스 하우스는 한 가
구에 설치된 7.5kWh의 태양전지로부터 연간 약 7,000kWh의
전기를 생산하는데 대부분의 가정에서는 가전기기, 조리용 가
스, 온수 등에 연간 약 5,500kWh의 전기를 사용한다고 한다.
난방에너지는 패시브 하우스로 건축되어 난방비가 거의 들지
않기 때문에 결국 소비되는 에너지보다 더 많은 에너지를 생산
하는 에너지플러스 하우스가 되는 것이다.

## 영국의 탄소제로 시범주택

### 탄소제로주택 시범단지 BRE[14] Innovation Park

영국의 기후영향프로그램(UK Climate Impacts Program) 보고서에 따르면 영국의 겨울은 폭우로 인해 점점 습해지고 여름은 건조해지고 있으며 해수면은 점차 상승하고 있는 것으로 나타났다. 기후변화로 인한 문제에는 가뭄 등으로 인한 물 부족과 수질 문제, 생물의 종 다양성 감소, 가뭄과 홍수로 인한 건강 문제 등이 포함된다. 영국은 2003년 기후영향프로그램을 통해 분야별 기후변화 영향을 예측하고 적응계획을 제시한 바 있으며, 지난 10년간 이산화탄소 배출을 감축하는 데 성공한 소수의 국가 중 하나로 기후변화문제에 관해서는 가장 선진국이라 할 수 있다. 영국은 2008년 11월에 통과한 기후변화법(Climate Change Act)에 의해 2050년까지 1990년을 기준으로 80퍼센트를 감축하고, 2020년까지는 최소 26퍼센트를 감축하도록 구속력 있는 법을 명시하고 있다. 영국 정부는 탄소발생량 감축을 위한 다양한 정책을 펼치고 있는데, 건축차원에서는 역시 탄소제로주택의 의무화가 눈에 띈다. 영국에서 가정부문은 영국 전체 탄소배출의 약 27퍼센트를 차지하는데, 이는 연간 약 1억 5천만 톤에 해당한다. 영국 정부는 이를 인식하고 코드 6레벨에 해당하는 탄소제로주택의 의무화를 2016년부터 신축되는 모든 건물에 적용할 계획이다. 영국 지방정부부(The Department Communities and Local Government)에서는 2009년 지속

BRE Innovation Park_다양한 탄소제로주택 모습들.

가능주택코드(Code for Sustainable Homes Technical Guide)라는 탄소
제로주택 평가기준을 마련하여 코드레벨 1부터 6까지 등급을
나누도록 하였으며, 가장 높은 레벨인 6레벨의 탄소제로주택을
의무화하도록 하고 있다.

　이러한 탄소제로주택은 런던 북쪽 와포드(Watford)에 자리
잡고 있는 영국 건축연구소(BRE, Building Research Establishment)
의 BRE 이노베이션 파크(Innovation Park)에서 미리 살펴볼 수 있
다. BRE 이노베이션 파크는 5~6레벨로 이루어져 있는 탄소제
로주택 시범단지로 건축물 녹화, 단열, 태양광, 태양열, 풍력 등
의 신재생에너지와 최신 시공기술, 200여 가지 이상의 혁신기
술이 적용되었다. 또 지붕녹화, 벽면녹화, 태양광 발전 시스템,

태양열 온수 시스템, 풍력발전 시스템, 자연채광 시스템, 스마트 홈 시스템, 우수활용시설, 외벽 단열, 자연환기 시스템 등 다양한 계획기법을 활용한 '제로카본하우스(Zero Carbon House)'를 각 기업마다 다른 형태로 제시하고 있다. 이곳은 2005년 6월 처음 문을 열었는데, 최근 기후변화의 영향으로 저탄소 주택에 대한 관심이 높아지면서 많은 방문객이 찾아오고 있다. 이러한 BRE 이노베이션 파크는 듀폰(Dupon), 오스본(Osborne), 한센(Hansen) 등의 기업 투자와 시공지원, 지역·지방정부의 후원에 의해서 조성이 가능하였다.

한편 Miller Homes와 같은 영국의 대표적인 주택건설 회사는 탄소제로주택을 새로운 부가가치를 얻을 수 있는 산업으로 인식하여 현재의 기술력을 바탕으로 사업 경쟁력을 높여나가고 있다. Miller Homes의 탄소제로주택은 바이오매스 보일러와 우드펠릿(wood pellet)을 태워 겨울철 난방을 제공한다. 또한 팬과 함께 결합된 삼중유리창문은 부엌과 욕실에 발생하는 열을 다른 방으로 이전시키고, 스마트 계량기의 설치를 통해 에너지소비 정보를 쉽게 확인할 수 있다.

# 녹색주거의 미래

## 미래의 주거로서 저탄소 녹색주거

우리가 살고 있는 주거의 미래 모습은 어떠할까? 모든 것이 자동적이고 편리한 하이테크의 모습과 자연과 더불어 쾌적하고 아름다운 형태의 주거 모습을 함께 상상해 볼 수 있다. 또 컴퓨터와 주택이 결합되어 자동으로 조명과 채광을 조절해주고 아침 기상과 함께 식사를 미리 준비해주며 스케줄까지 관리해주는 인공지능 스마트 홈의 모습도 그려볼 수 있겠다. 우리가 생각하는 다양한 모습의 미래 주거는 기술의 발전에 따라 빠른 시일 내에, 혹은 좀 더 오랜 시간이 지나야 가능한 것일 수 있고, 또 어떤 것들은 현실과 많이 동떨어진 얘기일 수도 있다.

하지만 미래의 주거 모습을 조금 더 현실적으로 끌어당겨 보는 일은 과거와 현재의 주거 환경 여건을 살펴보고 변화하는 환경을 예측해 봄으로써 가능한 일이기도 하다.

주거에 가장 큰 영향을 미치는 요소는 기후환경과 생활양식이라 할 수 있다. 특히 기후환경은 추위와 더위, 홍수 및 가뭄 등 사람의 생존과도 맞물려있는 중요한 요소이다. 이러한 기후환경이 빠르게 변화하고 있다. 우리나라 제주도 남부 해안에는 아열대 지역에서만 자라던 물고기와 해양식물이 이미 들어와 있고 점차 확대중이다. 또 평균기온은 해마다 올라 2050년까지 우리나라 대부분이 아열대 기후가 될 것이라는 관측도 나오고 있으며, 전국적으로 여름철 집중호우 또한 늘어나고 있는 추세이다. 이상기온과 해양 온도의 상승으로 우리 식탁 위의 대표적인 생선 중 하나인 생태를 더 이상 보기가 어려워진 예도 있다. 그동안 환경 문제에 무관심했던 사람들조차 이제는 지구온난화에 의한 기후변화를 피부로 느끼고 있는 것이다. IPCC 실무그룹 평가보고서(2007)와 스턴보고서(2006)에 의하면 지구온도가 1~2℃만 상승해도 관련 질병으로 인한 사망과 홍수피해, 생물종 감소, 극심한 가뭄 등에 의한 피해가 매우 클 것으로 내다보고 있으며, 5℃이상 상승할 경우 대규모의 인구이동과 함께 재앙이 일어날 것으로 전망하고 있다. 이제 지구온난화와 기후변화는 선택의 문제가 아니라 인간의 생존을 위해 제일 먼저 선결해야 할 문제인 것이다.

지구온난화와 기후변화를 일으키는 주원인은 대기 중에 존재하는 온실가스인데, 이중 이산화탄소($CO_2$)의 비중이 가장 높은 것으로 알려져 있으며 $CO_2$를 배출하는 가장 큰 주범은 역시 인간이 살아가는 주거와 도시이다. OECD(2009)의 도시경쟁력과 기후변화(Competitive Cities and Climate Change)라는 보고서에 의하면 도시는 전체 지구가 소비하는 에너지의 60~80퍼센트를 소비하고 전체 $CO_2$ 배출량의 절반 가까이를 배출한다고 한다. 특히 OECD 회원 국가들의 경우 도시화가 진행될수록 $CO_2$ 배출량이 증가하였고, 산업 활동보다는 조명, 냉난방, 전자제품 사용, 교통수단 등에 의한 탄소배출이 점차 증가하는 것으로 나타났다. 결국 우리가 살아가는 도시공간에서의 탄소배출이 인간 생존에 직접 위협을 가하고 있는 것이며, 영국과 독일 등 주요 선진국에서 탄소 저감을 목적으로 한 친환경적인 주택, 주거단지를 건설하는 이유인 것이다.

# 주

1) 기후변화정부간위원회(IPCC: Intergovernmental Panel on Climate Change)는 기후 변화와 관련된 전 지구적 위험을 평가하고 국제적 대책을 마련하기 위해 세계기상기구(WMO)와 유엔환경계획(UNEP)이 공동으로 설립한 유엔 산하 국제 협의체이다.

2) 기후변화협약(UNFCCC: United Nations Framework Convention on Climate Change)은 지구 온난화 방지를 위해 프레온가스(CFC)를 제외한 모든 온실가스의 인위적 방출을 규제하기 위한 것으로 정식 명칭은 「기후변화에 의한 기본 협약」이다. 1992년 6월 브라질 리우 회의에서 협약서가 공개되어 50개국에 $CO_2$ 가스배출규제 의무를 수행하도록 규제하였다.

3) 지구온난화 규제와 방지를 위해 1997년 12월 일본 교토에서 기후변화협약 제3차 당사국 총회가 개최되었으며, 선진국(38개국)은 1990년 기준으로 2008~2012년까지 평균 5.2%의 온실가스를 감축해야 하는 교토의정서(Kyoto Protocol)가 채택되어 2005년 2월 16일 공식 발효되었다.

4) 교토의정서를 대체할 새로운 기후변화협약의 계획이나 일정을 구상하기 위해 2007년 인도네시아 발리에서 발리로드맵(Bali Roadmap)이 채택되었다. 발리로드맵에서는 새로운 기후변화협약은 2년간의 협상을 거쳐 2009년 덴마크 코펜하겐 총회에서 결정되어 2013년 발효되도록 하였으며, 미국, 중국, 인도 등과 함께 한국이 2013년부터 온실가스 감축 대상국에 포함되었다.

5) 새로운 구속력 있는 기후협약을 도출하기 위해 2009년 12월 덴마크 코펜하겐에서 193개국이 참석하여 회의한 결과 '지구 기온 상승을 2도 이내로 제한하고 선진국은 2010년 1월 말까지, 2020년 온실가스 감축 목표를 제시한다.'는 내용의 '코펜하겐 협정(Copenhagen Accord)'이 미국주도로 마련되었다.

6) '탄소중립(carbon neutral)'은 지구 온난화의 주범인 이산화탄소 발생을 원천적으로 줄이는 한편, 발생한 탄소를 숲 조성 등을 통해 흡수하여 궁극적으로 발생하는 탄소의 양을 제로(Zero)화 하는 것을 말한다.

7) 무라카미 야쓰시, 2009, 프라이부르크의 마치즈쿠리, 한울아카데

미 내용을 참고하여 재작성.

8) 전 세계적으로 약 600여 개 이상 도시에 200개 이상의 카쉐어링 회사, 그리고 17만 명이 넘는 회원이 있다고 한다.

9) 2005년에 약 1700대의 자동차를 사용하고 6만 명 이상의 회원을 확보하고 있다.

10) Bundesverband 카쉐어링 협회(http://www.carsharing.de/)

11) 이규인(2004), 세계의 지속가능한 도시주거, 도서출판 발언 중 말뫼(Malmö)의 녹지 및 오픈스페이스 계획 내용 참고.

12) 석유환산 에너지 소비량을 말한다.

13) 우리나라 건축법을 적용한 건축물의 단위면적($m^2$)당 난방 에너지 소비는 약 17리터로 추정된다.

14) BRE는 건설, 건축 및 환경, 화재 및 재난, 인증 등의 분야에서 연구, 교육·훈련, 컨설팅 등의 역할을 수행하고 있는 영국의 건축 분야 연구기관으로서, 1990년 후반에는 미국 LEED와 함께 대표적인 친환경 건축물 인증제도인 BREEAM을 개발하여 건축 및 건설 환경에서 지속가능한 개발을 달성하기 위한 기술 구축을 선도하고 있는 곳이다.

# 참고문헌

—박람회도시 림(Messestadt Riem)

김세용, 「저탄소 녹색 인천광역시 실현을 위한 방안, 저탄소 녹색도시 조성을 위한 심포지엄」, 2009.

이재준, 『녹색도시의 꿈』, 상상, 2011.

이재준·김세용 외, 『탄소저감을 위한 도시공간구조의 계획적 전환체계 수립 연구』, 한국토지주택공사, 2009.

이규인, 『생태도시 생태주거』, 발언, 2006.

http://www.messestadt-riem.de


—베드제드(BedZED)

김세용, 「에너지 제로 단지는 실현 가능한가」, 2011 춘계 국토환경지속성포럼.

이재준, 『녹색도시의 꿈』, 상상, 2011.

이재준·김세용 외, 『탄소저감을 위한 도시공간구조의 계획적 전환체계 수립 연구』, 한국토지주택공사, 2009.

http://www.bioregional.com

http://en.wikipedia.org/wiki/BedZED


—마스다르시티(Masdar City)

김세용, 「저탄소 녹색 인천광역시 실현을 위한 방안, 저탄소 녹색도시 조성을 위한 심포지엄」, 2009.

김세용, 「에너지 제로 단지는 실현 가능한가」, 2011 춘계 국토환경지속성포럼.

이재준, 『녹색도시의 꿈』, 상상, 2011.

이재준·김세용 외, 『탄소저감을 위한 도시공간구조의 계획적 전환체계 수립 연구』, 한국토지주택공사, 2009.

http://www.masdar.ae/en/home/index.aspx

http://www.masdarcity.ae/en/index.aspx

http://en.wikipedia.org/wiki/Masdar_City

—보봉(Vauban)

김세용, 「저탄소 신도시/시범단지 조성 방안」, 저탄소 녹색성장 시대의
    도시건축 추진 방향 세미나, 2009.

2011년 8월 19일 자 「녹색연합-일다 공동기획」 "차 없는 아이들의 천
    국' 독일의 보봉 생태마을에 가다" 기사 참조.

무라카미 야쓰시, 『프라이부르크의 마치즈쿠리』, 한울아카데미,
    2009.

박은경, 2006년 3월 24일 자 "집집마다 에너지 자급…… 자동차 가지
    면 짐 되요" 독일 프라이부르크 보봉 생태주거단지, 「여성신문」 871
    호 특집/기획.

2004년 5월 22일 자 「인터넷한겨레」 "프라이부르크의 생태마을 보
    봉-재생가능에너지의 활용" 기사 참조.

살고싶은 신도시 모델 설정, 한국토지공사, 2006.

홍윤순, 「독일의 환경수도 프라이부르크 보봉을 가다」, 경기도시공사
    ,2010.

2007년 3월 24일 자 「OhmyNews」 "승용차도 내 집 앞에 주차하지 못
    하는 마을? 보봉(Vauban) 생태주거단지" 기사 참조.

2009년 5월 12일자 「ELISABETH ROSENTHAL」 "독일 보봉, 자동
    차 없이 살아가다(NYT)."

http://www.stadtteilverein-vauban.de


—그리니치 밀레니엄 빌리지(Greenwich Millennium Village)

김세용, 「저탄소 신도시/시범단지 조성 방안」, 저탄소 녹색성장 시대의
    도시건축 추진 방향 세미나, 2009.

양재혁, 「지속가능한 주거지의 모범, "그리니치 밀레니엄 빌리지"」, 한
    국주거학회지 v.3 n.2(2008-12), 2008.

이아영, 「생태학적 관점에서 고찰한 주거단지계획 방향」, 서울대학교
    박사학위논문, 2004.

Ben Derbyshire, "Greenwich Millenium village: a case study of sustainable housing", Brian Edwards and David Turrent, 2000.

Edwards, Brian, Turrent, David, Sustainable housing : principles and practice, E & FN Spon, 2000.

http://housingprototypes.org/project?File_No=GB003


―크론스베르크(Kronsberg)

「경기도 주거지 개발시 빗물 관리 및 도입방안에 관한 연구」, 경기개발연구원, 2005.

심우배 외, 「기후변화에 안전한 재해통합대응 도시 구축방안 연구(I) 자료집」, 국토연구원, 2009.

이승복, '독일의 환경친화적 빗물이용 현황', 「국토」통권 276호, 2004.

Stadt Hannover, 「Handbuch Hannover Kronsberg-Planung and Realisierung」, 2004.


―리젤펠트(Rieselfeld)

「살고싶은 신도시 모델 설정」, 한국토지공사, 2006.

2011년 5월 20일 자 「환경일보」 "삶에서 우러나는 거창하지 않은 친환경 마을" 기사 참조.


―함마르비 셰스타드(Hammarby Sjoestad)

권용우·왕광익·유선철, '해외 저탄소 녹색수변도시', 「대한지리학회지」 제45권 제1호, 2010, pp.1~10.

왕광익·유선철, 「세계적 수변녹색도시 : 스웨덴 함마르비 사례와 시사점」, 국토연구원 국토정책 Brief 제237호, 2009.7.27.

이규인, 「세계의 지속 가능한 도시 주거」, 2004.

**미래 주거의 대안** : 세계의 저탄소 녹색주거를 찾아서

펴낸날    초판 1쇄  2012년 3월 23일

지은이    **김세용, 이재준**
펴낸이    **심만수**
펴낸곳    **(주)살림출판사**
출판등록  1989년 11월 1일 제9-210호

경기도 파주시 문발동 522-1
전화  031)955-1350    팩스  031)955-1355
기획 · 편집  031)955-4662
http://www.sallimbooks.com
book@sallimbooks.com

ISBN   978-89-522-1752-3    04080

책임편집  **최진**